社會心理學：

掌握現代生活的必修課程

林仁和　著

　　林仁和博士，心理學與社會工作專業（美國甘乃迪大學心理學研究所畢業、美國加州CIIS研究所博士），東海大學社會工作學系專任副教授，兼任國貿系及幸福家庭推廣中心主任（1990～2006），瑞士日內瓦大學 BEI 學院客座教授（2006～2007），美國紐澤西州 Agape Education Center 主任（2012～）。美國加州勒戒師 CADC 證照（1982），並為美國管理學會（AMA）及美國人事行政管理學會（ASPA）會員。相關著作有：《人際溝通》、《就業實務》、《情緒管理》、《護理心理學》、《商業心理學》、《老人心理學》、《邁向成長之路》、《生涯規劃與發展》。

序

　　目前，社會心理學的實用性比以前更受肯定：當我們希望了解自己、周圍的社會以及整個世界，以便開創個人自我發展與自我實現時，社會心理學能夠即時提供有價值的資訊與建議。社會心理學基本上能幫助我們認識自己的成長基礎，包括：如何塑造個人的形象、建立衡量外界的價值觀念、建構情感管理的有效機制，以及發揮個人生活的美好境界等，更進一步也能幫助個人培養優質內涵的生活潛力以及發展就業優勢的競爭能力。自然而然，學生與上班族，包括：教師、社會工作者、醫護工作者、法律工作者、企業行政領導者，以及許多不同職業的人們，都會發現學習社會心理學對他們的生活與工作很有價值。

　　在第三代版本《社會心理學：掌握現代生活的必修課程》一書中，筆者試圖呈現社會心理學的基本理論和發現，同時展現社會心理學的原則及其與我們的日常生活之間的聯繫。當前我們面臨的挑戰，是生活在一個日新月異的多樣化和多元文化的二十一世紀社會中，電視、電腦、國際旅遊及網際網路等，將世界上的人們更緊密地聯繫起來，使得我們有必要以更廣闊的視角看待社會生活。以理論取向的第一代版本已在 1990 年代出版，提供了東海大學社會工作學系必修課程的教科書，第二代版本則在 2000 年代出版，該版本加強了實務演練與個案討論的部分。筆者相信，社會心理學與任何科學一樣，都是積累性的，當新的版本提出新的議題或論點時，筆者即以此一領域所累積的知識為基礎，將新的發現理解為對核心知識增加的內容。

　　本書由三個部分組成：基礎篇（第一章至第三章）、應用篇（第四章至第十章），以及發展篇（第十一章至第十三章）。它除了分享社會心理學此學科的共同遺產，也反映了過去二十多年來的環境與情境變化，例如：對社會認知、自我、人際關係以及對專業概念的新理解。本書還擴展討論了「培

養優質內涵的生活潛力：社會化的心理意義」（第二章）以及「學習自我發展的重要途徑：優勢的環境生活」（第十一章）。筆者也努力整合社會心理學中最新的研究和最新的情境並貫穿於整本書中，同時也應用研究方法和理論幫助理解社會問題的核心。在本書中，也強調了社會心理學如何幫助理解日常體驗和社會問題。任何教材的成功最終都依賴它是否向讀者清晰地傳遞了資訊，以及是否能激發讀者的興趣。本書的目標一直是簡單地呈現參考資料，但又不過分簡化，其內容是全面性的，但並非百科全書。筆者也特別注意選擇生動的個案來闡釋基本原則，讓許多的嚴肅議題生活化，並與讀者分享筆者對這一領域的用心與熱情。

　　本書另提供教師手冊，內容包括教學計畫、課程 PowerPoint、個案討論，以及相關測驗等。

林仁和　謹誌於東海大學
2013 年 5 月

目 次
Contents

第一篇

基礎篇

第一章

社會心理學的發展與應用：
社會心理學概述

第一節　社會心理學的重要性

　　社會是由許多的個人所組成的，社會中的每個人，一方面受到該所屬社會的影響，另一方面，個人又對這個社會發生作用。因此，社會心理學既研究個人心理活動如何在特定的社會生活條件下，接受他人或團體的影響程度，同時也研究個人心理活動，是如何影響社會中的其他個人或團體。以下將討論二個項目：社會心理學的意義、人與社會的相互作用。

壹　社會心理學的意義

　　「社會心理學」是從社會與個人相互作用的觀點出發，研究特定社會生活條件下，個人心理活動中所發生、發展，以及其變化規律的學科。人類社會是一個有組織的社會，可以從「微觀結構觀點」與「宏觀結構觀點」等二方面來分析。

一、微觀結構觀點

　　個人，一旦降臨於人世間，通常會先進入一個具體的家庭內，隨著年齡增加，再進入學校、工廠、企業等單位；而任何一個家庭、學校、工廠、企

業等單位，總是處於由特定的政治、經濟、文化等諸多因素交織起來的社會關係網絡之中。微觀結構的社會，即是指家庭、學校、社區、工廠、企業等單位。

個人從嬰兒、幼兒一直到青少年，被其家庭與學校施以一定的道德規範之影響，進而變成一個「社會人」。父母與教師對孩子所責成的行為規範與要求，反映了它所處的國家、民族、階級與社區的要求標準。同樣的，個人也是透過自己的所在單位，做出具體的社會實踐與發展，對社會產生反饋作用，並且使自己的心理視野發生巨大變化，例如：某個企業負責人提出了一項先進的改革方案，帶動了其他相關企業的革新，而對台灣的現代化建設做出了貢獻；而這個企業負責人在推廣和普及其改革理念的過程中，就對整體社會有所作用與回饋。

二、宏觀結構觀點

相對於微觀結構觀點，宏觀結構的社會是指國家、民族、階級等。宏觀結構的社會與個人的相互作用是間接的，而微觀結構的社會與個人的相互作用則是直接的。宏觀結構的社會是透過微觀結構的社會對個人發生作用，然而，微觀結構的社會扮演著支持性的角色，讓宏觀結構的社會發展得更加完善。

貳 人與社會的相互作用

在人與社會之間的相互影響過程中，其媒介物是具有社會意義的「語言」。人們生活的大部分時間是處於相互交往之中，人都有合群的需要，與周圍的人一起生活，進而互相影響。在人們以語言為工具的相互作用過程中，產生了社會心理現象，這是研究社會心理學的對象。而個人在與社會的相互作用過程中，牽涉到社會心理與社會情境等二個層次。

一、社會心理

在相同的情境下，由於人們當時的內在心理因素不同，必然會發生不同的反應。個人內在的心理因素，主要是指個人的各種心理特徵，例如：興趣、性格、氣質、能力、需要等。然而，個人的個性傾向，包括：信念、理想、價值觀與世界觀等，對一個人的社會心理活動具有最深刻的影響。

2011 年 3 月 11 日，日本的福島核能發電廠發生了輻射外洩事件，震驚全世界，世界各國除了關注輻射的破壞情況以外，也紛紛檢討自己國家的核能電廠安全與整體核能發電的狀況，因為日本人的管理專業與應用科技的能力，在全世界的印象中，是數一數二的世界典範，竟然會發生如此嚴重的災害。而美國在九一一事件發生後（發生於 2001 年 9 月 11 日的紐約世貿大廈），美國人民與政府的強烈報復心理現象，正好印證了包括暴徒、美國個人與社會之間的相互影響，以及所發展出來的可能結果，甚至導致美國大眾對阿拉伯人的排斥。

二、社會情境

社會心理學最關注的是個人發展中所處的社會環境，也就是特別重視個人與社會環境之間互動的情況。以一個小孩不慎摔倒為例，在不同的場合與背景下，孩子會發生不同反應。如果孩子在學校裡摔倒，他看到、聽到或想像到老師或同儕會來鼓勵自己，多半會堅強地爬起來而不哭，以顯示自己的勇敢；但孩子如果在家裡摔倒，看到、聽到或想像到的都是媽媽來安慰自己，此時多半會哭叫起來。

同樣是跌倒受傷，在不同的社會情境下，其疼痛感覺的程度也是不同的，因為他所受到的暗示方向不同，其疼痛反應也會不同；前者，被暗示為不怕痛，後者，則被暗示為痛得厲害。這種不同的社會心理反應，是受當時的社會情境所制約，所以，人們的思想感情以及行動，往往受到他人的思想、感情與行動的影響，同時，人們也對社會上的其他人發生影響。

個人與其他個人和團體，雙方既是影響者，也是被影響者。這種相互作用，有時是有目的與有意識地進行著，有時是無意識地、潛移默化地進行著。

第二節　社會心理學的發展

社會心理學包含了組織、文化、民族、宗教、軍事、政治、法制、宣傳等，各方面的心理學內容。若從狹義的角度來看，它特指人在社會交往中的一般心理活動規律。因為人是社會的動物，他既有個人的心理特質，又具有社會群體的特點，因此，社會心理學是社會學、人類學、心理學的綜合學科，又是個人心理學的延伸和發展。

壹　發展的背景

在中國古代，特別是春秋戰國時期，諸子百家的學說，尤其是《管子》一書，蘊藏著相當豐富的社會心理學思想。在古希臘，諸如蘇格拉底（Socrates）、柏拉圖（Plato）及亞里士多德（Aristotélēs）等人，都曾提出過許多社會心理學的觀點。而近代社會心理學的思想，則散見在心理學、社會學、犯罪學、語言學，以及人類學等學科之中。

一、早期背景

1950 年之後，不少學者如拉扎魯斯（M. Lazarus）、斯湯達爾（H. Steinthal）和馮特（Wilhelm Wundt）等人對民族心理的研究，西蓋爾（S. Sighele）和雷朋（G. Le Bon）對群眾心理的研究，都曾做了創立獨自的社會心理學之嘗試。

1908 年，社會心理學成為一個專門學科，這一年同時出版了兩本以社會

心理學為題的著作：一本是英國心理學家麥道格爾（William McDougall）的《社會心理學緒論》（*An Introduction to Social Psychology*），另一本是美國社會學家羅斯（Edward Alsworth Ross）的《社會心理學》（*Social Psychology: An Outline and Source Book*）。麥道格爾的「社會心理學」是從個人心理的角度出發，而羅斯的「社會心理學」則是從群體心理的角度出發，形成了西方社會心理學兩種不同趨向的體系，他們被公認是社會心理學領域的創造人。

剛開始，社會心理學的研究只以實驗研究為主，可以較隨意地選擇一些對象，以測試人的合群心理、攻擊心理等。雖然研究者想找出作為社會人所具有的普遍性心理模式和規律，但事實上這種研究與社會環境仍有相當大的距離。

二、中期發展

第一次世界大戰（World War I）之後，西方社會心理學在美國和德國得到進一步發展。莫德（Walther Moede）、門斯特伯格（Hugo Münsterberg）及奧爾伯特（Floyd Henry Allport）等人把實驗方法引進社會心理學，並進行了大量的實驗室實驗，使社會心理學被認為是一門實驗科學。然而，在當時，社會心理學過分強調實驗方法，把個人心理學的研究方法機械式地移到了社會心理學之中，使得社會心理學脫離真正客觀的實際過程。

第二次世界大戰（World War II）之後，學者們開始注意到在政治、經濟、軍事的社會問題中，心理因素產生了不可忽視的作用，因此，認為應當從人的心理著手，才可以找到社會發展及社會危機的原因和出路。德國法蘭克福研究所的學者，其透過分析法西斯的社會心理狀態，認為乃是根源於不斷膨脹的人之「攻擊心理」。於是，社會心理學的定義被明確為：研究與其他個人相聯繫的個人行為及研究群體情境中個人的科學。

三、新的發展

1960 年代以後，由於工業化社會的快速發展，而影響個人、家庭與社區的質與量之巨變，有些美國社會心理學者特別針對吸毒、酗酒、性變態、犯罪、自殺、精神失常者——這些都是工業社會自我崩潰趨勢的問題，提出社會心理學需要研究個人在其他個人影響下的各種行為。於是，社會心理學的實用性發展又邁向一個新的里程碑。至此，社會心理學開始形成自身完整的科學體系。其探索的三個方向如下：

1. 群體和社會因素對個人的影響。
2. 人際關係，例如：吸引、模仿、合群、利他、攻擊、團體凝聚力等。
3. 引起個人的目的、態度和行為變化的因素。

貳 研究的方向

一般而言，社會心理學的研究主要包括群體心理、人際關係心理，以及個人心理等三個方面。此外，健康的個人生活與和諧的社會生活，也逐漸成為另一個社會心理學的研究新方向。

一、群體心理

物以類聚，人以群分；人的群體可以分成家庭、單位、社區，以及社交等模式，也可以分為政治組織、經濟利益，以及階級制度等集團，還可以分為自然、實驗，以及無組織等大小群體。其顯著的特點是，群體的成員在心理上有一定的聯繫，並相互產生影響。

群體的吸引力主要在於興趣、價值、目標的合意與一致性；群體的社會地位和影響力，使成員有一種安全感，減少其寂寞、焦慮和分離感等。群體心理是個人心理的聚合，由不同群體所構成、發展、規範、價值認同的體制中，可以發現許多不同的心理情境，它們反映著社會生活的各個層面。

二、人際關係心理

在個人與他人的交往過程中，有認知了解的成分及情緒行為的內容。言談交歡與好惡行為的背後，每個人都用自己的心，時時刻刻迅速作出喜愛或討厭的種種反應和判斷。因為態度、信念、價值觀的關係而產生相互影響的同時，也會有因某種理念的不同而產生討厭的另一層面；或者是，由於經常接近，就能夠預知和了解他人的行為，而在心理上產生適度的反應；又或者是，會產生一種報償性的吸引關係，為一定的目的和需要而交往，而這種目的和需要可以是物質的，也可以是精神的，例如：希望被人稱讚、同情和安慰等。

另外，則是儀表外貌的吸引。在某個實驗中，給受試者看三個人的照片，一個有外貌的吸引力，一個相貌平平，第三個則是毫無吸引力，請受試者預估這三個人未來是否幸福。結果，所有美好的預言全落在第一個有外貌吸引力的人，無論是男人評價女人，還是女人評價男人，或是男評男、女評女，結果都一樣。這說明了儀表外貌在人際交往中是首要效應。

人與人之間還有攻擊和侵犯心理，如何加以協調，也是社會心理研究的重要內容。

三、個人心理

一個人出生之後，即開始了社會化的過程，這個過程包括個人的交往活動，也包括自我意識的發展。在個人心理研究中，佛洛伊德（Sigmund Freud）學說的影響很大；他認為，社會化實際上是「人性本能」遭到「社會現實壓抑」，於是其能量只能轉向其他途徑，進而創造了文學藝術和社會文明。這個人性本能實際上涵蓋了人的全部快樂本能，它與需要的本能，共同推動了人類的文明發展。

文明經常壓制著心理欲求，而且社會愈發達，文明愈進步，人的心理壓抑也愈嚴重。後來，馬爾庫塞（Herbert Marcuse）等人加以修正，他們認為，

心理壓抑與文明發展並不同步：在一個物質匱乏的社會中，這種壓抑是必要的，因為它可以促使人們去勤奮工作，累積財富，而在一個富裕的社會裡，這種壓抑就變成多餘；他們希望以此途徑來尋找醫治社會和個人病態心理的方法。當然，這種理論又導致西方的性慾解放、女權主義等思潮，帶來的又是各種新的問題。而另外一些學者則希望透過社會化研究，為造就個人的健康、完美的個性尋求助力，以便促成更和諧的社會生活。

參 實際的應用

　　研究社會心理學還有一個實用性的任務：發展一個更和諧的社會生活。為了達成這個重要的任務，可以從下列三個議題來探討：兩個難題、處境與問題，以及三個困境。

一、兩個難題

　　在傳統社會中，共同擁有的思想、經典、文獻，塑造了人們共同的行為規範和價值形態，包括：威權政治、血緣家庭、以男性為中心、孝道倫理等，這些觀念所延伸出來的「萬般皆下品，唯有讀書高」、擁有財富、攀附權貴等，也成為國人的一種特殊心態，直到今天，它還是制約人心的重要力量。在國際化過程中，西方的價值觀挑戰了台灣的傳統社會，於是，外來的觀點也衝擊著台灣人的心理。

　　傳統的頑固劣性在某些人的心理上還是有極大的誘惑力；另一方面，台灣社會也遭遇到西方社會正在面臨的各種問題，這使得國人的心態愈趨向複雜與迷亂。如果概括一下，人的心理特點中最容易趨向極端的主要有以下兩點。

（一）從眾心理

從眾心理就是人的盲從心理，這是人類共有的問題。有一則笑話很傳神的說明了人的這種心理：某艘觀光船發生海難，船長對乘客下令逃生。他對德國人說：「這是命令」，德國人毫不猶豫地跳進了大海；接著，他又對法國人說：「跳下去，你的情人在下面」，法國人也不猶豫地跳下去；之後，再對日本人說：「大和民族是世界上最優秀而勇敢的民族」，日本人也跳進了大海。最後，只剩下一個台灣人，他總是不肯跳下，最後船長騙他說：「你的朋友都在下面了」，於是他便跳進了大海。這裡諷刺的，正是人的「從眾心理」。

在台灣民眾的處世哲學中，從眾是一個很重要的行為心理原則，隱含著「懼怕出頭」的風險，所謂：天塌下來有大家撐著，便是以為從眾是安全的選擇。從眾心理往往會成為一種心理惰性，與保守、自保和不敢冒險相聯繫。有時候，它又是盲從的同義詞，而理性也很難控制。這種現象以選舉時的群眾運動，最為明顯。

（二）迷信心理

有個外國人到了台灣，其第一印象為到處都是牆與鐵窗，第二印象為到處都是廟。儘管目前已是二十一世紀，但迷信的心理在國人行為上仍存在著相當大的分量。有些人喜歡穿鑿附會，小到個人私事，大到政治與國家大事，總能夠與一些玄秘的事聯繫起來。

以社會心理學的理論去分析每一個社會的人，可歸納出下列定理：

1. 人是社會的人，社會從一個人出生之日起，便開始影響這個人的身心全部，直到他老死為止。
2. 你站在橋上看風景，看風景的人從窗口看你：一位是自覺的，一位並不自覺，但影響卻是相互的。
3. 處在社會中的人，常會有孤獨、從眾、迷信、偏見的現象。他人影響了個體，個體也影響了他人，而人們又都渴望和需要這種影響。

二、處境與問題

　　實際應用社會心理學的時候，首先涉及到探索社會生活的不同處境，以及回應在不同處境的社會人所提出的問題。下面是社會心理學在應用上經常涉及的五個探索層面：

1. **教育領域的研究**：如師生溝通、校風形成及學校與家長互動關係等。
2. **進行青少年違法犯罪的社會心理問題研究**：如青少年的群體、家庭、班級和朋友的影響、反社會團體為何成為他們的心理參照等。
3. **探索企業部門如何調動人員的積極性**：如處理各部門的人際關係，以及形成良善的競爭、培養良好的工作氣氛等。
4. **婚姻家庭**：婚後，是兩個人合組一個新家庭，更進一步會有下一代加入；如何經營美滿家庭，亦是社會心理學研究的重點。
5. **其他**：包括商品銷售、旅遊等領域，都涉及社會心理學的研究內容及應用。

　　心理學家更進一步的嘗試回答在不同處境社會人所提出的問題，內容包括：人們是怎樣接受他人的影響、人們對他人的信念和行為所產生的影響，以及人們為何會接受他人的影響。於是，社會心理學的研究就提出了下列幾項相關問題：

1. 這些影響究竟是什麼？
2. 這些影響的效果是永久的，還是短暫的？
3. 增加或減少社會影響效果的因素是什麼？
4. 哪些因素能增加或減少社會影響效果的長遠性？
5. 一個人如何才能喜歡另一個人？
6. 喜歡賽車和某種牌子的麥片是否具有同樣的心理歷程？
7. 同樣的原則是否既適合於都市的人，又適合於農村的人？
8. 一個人對一個民族或種族的偏見是如何形成的？它與喜愛或討厭的形成過程相同嗎？還是包含著完全不同的心理歷程？

上述這些問題差不多涵括了社會心理學的全部問題。

三、三個困境

根據上述的處境與問題，現代人，無論是已開發國家還是發展中國家的人民，其心理特點有許多共同和一致的地方。以下是三個比較典型的困境，需要社會心理學的研究提供助力。

（一）感受孤獨

孤獨是現代人常見的心病。有些人一天到晚地忙著，但內心卻是孤獨的。本來，人類的科技能力已經非常發達，而其認知的範圍也不斷拓展，但人的心靈空間卻愈來愈狹小。在現代都市生活中，許多人同為大廈鄰居很多年，相互卻不知道對方的姓名，因此常有竊賊盜運鄰居的財物，而隔壁的人竟以為是鄰居在搬家的憾事。

我們需要與他人交往就像需要空氣和水一樣重要，如果將心靈隔絕和封閉在一個狹窄的空間裡，就很容易產生心病。有信仰的人還可以對神靈去傾訴，但什麼都不信的人，就只能承擔孤獨的無奈和痛苦。許多人會藉由使用麻醉藥劑或是服用安眠藥來逃避孤獨的心靈，甚至將電視看做是他們不能缺少的生活伴侶。

（二）無心自主

人，總是忙個不停，除了身體的勞動與移動以外，心靈也是一刻不得閒。有的人時時刻刻總得有事做，或是想著許多事，不敢讓自己閒下來；每當一有空閒，總要找些事去做。因為太閒會讓自己覺得寂寞和無聊，或是覺得自己是一個沒有成就或是才華不足的人，或擔心自己浪費時間而無法跟得上資訊時代的潮流，如此這般地讓心靈意志被長期地扭曲。

其實，人常常對於生養自己的環境及美麗的季節景物之變遷卻相當漠視，不管春夏秋冬、花謝花開、風雨雲月、天晴天陰，都不再讓他們動心，甚至很多人已很少留意過藍天、白雲或月亮是什麼樣子。於是，吃飯時眼睛

看著電視，而腦子裡又想著其他事，所以飯菜是什麼滋味，根本不知道。這真是閒也無聊，忙也無聊，心像是浮在水面的浮萍，完全不能自主。

（三）感受偏見

有各種原因會造成的偏見，而人對人的偏見和人對種族的偏見是現代人心理上的一大魔障。某位一直生活在美國鄉下的家庭主婦，從未接觸過真正的黑人，但她卻認為黑人無能、懶惰而不上進，這是阿倫森（Elliot Aronson）《社會心理學入門》（*The Handbook of Social Psychology*）中的一個例子，它說明了偏見可能來自實際感受，也可能來自歷史，甚至來自於宣傳。

偏見往往會阻礙人的心理判斷，進而使自己的行為偏向錯誤，例如：你剛搬到了一個新家，有一個人敲門並自稱是你的鄰居，表示很高興能認識你，你們談得很投機，也覺得很喜歡這個人。臨走時，這個人拿出一張名片，說自己是保險公司的職員，以後如果需要保險的話可以找他。這時候你會怎麼想？覺得他是來交朋友的？還是來推銷保險的？此時偏見就出現了，讓你決定和他疏遠。

敏感心理也是現代人心理上的問題之一。人之所以比動物高級，是因為能夠使用複雜的語言交流複雜的訊息，但是人與人之間也常常因為語言和所傳達的訊息而發生誤解。在一個競爭激烈的社會裡，多數人想的是首先要怎樣保護自己，人際交往需要深藏而不露，對傷害自己的人不是想辦法避開，就是反擊回去。這就等於在心理上設了一道警戒線，線上掛著鈴鐺，當他人一碰觸到線，自己就會警覺地豎起耳朵。但是，在我們大多數人的一生中，總要和他人交往，受他人影響，也影響他人；他人使自己高興或氣惱，自己也使他人氣惱或高興。

因為喜歡也可能產生偏見，例如：自己喜歡某人，就會在自己心裡尋找一些理由而為其不當行為辯護。足球場上的球迷對自己喜歡的球隊，也會產生偏見，甚至會產生許多事端，許多足球賽的觀眾所發生的衝突，足以證明這個問題的嚴重性。偏見是一種心理的較量，也是一種心理的磨難。對自己

弱點的敏感只有使自己沉重、疲勞和厭倦，卻又使人難以擺脫，甚至形成一種恐懼心理。本來，坦率的交往是最及時、簡便而有效的方式，可是人們總難做到這點，而總是與他人一直存在著隔閡。

心態的轉變是一個社會發生轉型的根本力量。西方社會從文藝復興和思想啟蒙以來的各種思潮，包括：精神分析、愛慾解放、女權主義、行為科學、解構理論，以及存在主義等，都是一種心態結構下，生活方式和價值信仰發生變化的表現；此見證這是一系列的心理需求不斷交替影響，推動著社會秩序的變化與發展。

深入研究社會心理學，自然不能忽略各領域中的一切現象，但應該特別留意群體心理問題；因為大大小小的社會群體，都是由共同的心理取向而形成的，這種心理可能代表著一種社會心理趨動的方向，它既可為現有秩序提供一種維繫與存在的依據，又可以凝結成一種力量，將現有的秩序徹底翻轉。

第三節　社會心理學的應用

社會化是個人從自然狀態朝向社會狀態轉變的一個過程，它要求不同年齡階段的人，必須在社會所認可的行為標準中形成自身的行為模式，使之成為符合社會要求的社會一份子。個人的行為是按照社會規範，透過與其他人的相互作用來滿足，在一定時間、地點、條件下的個人需要之過程。社會化是普遍存在的，但在有些人身上卻會表現出社會化的障礙現象，亦即未能按照社會預期之要求而正常地內化，這些人除了生理的智力發育不全與精神疾病等原因外，主要是由於社會化過程的缺陷所致，而由於種種客觀原因而造成對社會行為規範的模糊認識，以致於形成不符合社會要求的偏差行為。

社會化因素就是影響個人的全部社會環境，例如：

1. 家庭的影響，包括：父母及其教育方式。

2. 居住條件的影響，包括：城市、農村、街道等。

3. 學校的影響，包括：教師、團體、教材等。

4. 社會地位的影響，包括：行業、身分地位等。

5. 社會文化的影響，包括：政治、經濟、風俗、傳統等。

上述各種影響歸納起來，可以分為三個主要的影響，即家庭、學校與社會文化因素的影響。

壹 家庭親子影響

父母親對子女社會化的影響大於其他人。父母的行為是孩子學習的榜樣，對孩子的行為具有積極性的榜樣與消極性潛移默化的作用。兒童的家庭生活及學校生活，對其社會化的過程都會產生深刻的影響。家庭環境的影響具有特殊意義，兒童在家庭中生活的時間很長，約占其全部生活時間的三分之二。兒童首先受到的是家庭環境的影響，然後才是各級學校的影響。國外已有研究顯示，學齡前是接受社會化的最佳時期，這就證明了家庭影響對個人社會化的重要性。

父母的教育方式與教養態度對子女人格的影響尤為重大。美國心理學家鮑爾特溫（Alfred L. Baldwin）把父母對子女的教養態度分為四種類型：

1. **放任型**：父母放任不管比較討厭的孩子。

2. **溺愛型**：父母用過分的感情來滿足子女的要求，對子女千依百順。

3. **民主型**：父母能充分理解孩子的興趣與要求，經常向他們提供足夠的訊息，並引導孩子自己做出選擇與決定，父母對孩子則表現出冷靜與愛護的態度。

4. **專制型**：父母不理解孩子的需要，常用命令和指責的方式來強迫孩子服從。

兒童心理專家拉特克（Marian Radke-Yarrow）研究了父母教養態度、家庭氣氛和孩子人格形成的關係，她認為：

1. 以寬恕的方式所教育的孩子，與家庭嚴厲管教的孩子相比，更加能體貼他人，並對其他人的批評很敏感。

2. 被限制較少的孩子，和家庭束縛很多的孩子相比，其競爭心較少，但很重視朋友之間的友誼。

3. 民主家庭的孩子比專制家庭的孩子更富有同情心，人際關係協調，情緒安定。

4. 父母平均分擔家庭責任的孩子，往往適合擔任領導工作。兄弟關係和諧的孩子，其情緒比較穩定。

父母的教養態度與教育方式固然決定於他們自己的作法與想法，但從中也反映了當時社會的價值觀與傳統的行為方式，父母都會以當地的文化傳統以及當時的現實情況做指導的原則。

綜上所述，個人的社會化，受到社會文化、學校教育、家庭父母的影響，這些影響因素就是社會化的媒介物。由於不同社會制度下的社會化媒介物不同，個人在社會化過程中所受到的影響也有所差異。

貳 學校教育作用

學校教育的作用，主要是把社會規範、道德價值觀，以及歷代所累積下來的知識、技能傳授給下一代。學校有一定的教育方針、培養目標，有計畫、有步驟地教育下一代，使學生實現社會化作用。學校亦透過教材、教師人格、教育方式、考試與考核、各種學生會、社團活動等，對學生的社會化發生影響，其中以教師與教材的影響最大，尤其是基礎教材更顯得特別重要。

在學校教育影響的同時，國家的宣傳機構、法律機構等也從中加以配合，使學生變成符合社會要求的社會人。

參 社會文化作用

社會文化，包括：經濟、政治、國家的宣傳體系、宗教、團體、風俗、習慣、傳統，以及生產力水準等。在同一文化圈內，人生各時期的發展，包括下列六個階段。

一、幼兒期

包括：學習走路、學習吃食物、學習說話、懂得脾氣的好壞、學習控制自己的脾氣、獲得生理上的安定、形成有關社會與事物的簡單概念、與父母、兄弟姐妹及他人建立情感、學習區分善惡現象等。

二、兒童期

包括：學習一般性遊戲中必要的動作技能、培養對於自身有益的健康習慣、和同伴建立良好關係、學習男孩或女孩角色、發展讀、寫、算的基礎能力、學習日常生活必要的概念、發展道德性及價值判斷的標準、發展人格的獨立性、發展對於社會各個單位和各個團體的態度等。

三、青年期

包括：學習與同年齡男女的新交際、學習男性與女性的社會角色、認識自己的生理結構、有效地保護自己的身體、從父母和其他的成人那裡獨立地體驗情緒、有信心實現經濟獨立、準備選擇職業、做結婚與組織家庭的準備、發展作為一個國民的必要知識與態度、追求並實現有社會性質的行為、學習有益社會的價值觀與倫理體系等。

四、壯年期

包括：選擇配偶、學會與配偶一起生活、生養孩子、教養孩子、管理家

庭、就職、擔負起國民的責任、尋找合適的社會團體等。

五、中年期

　　包括：形成作為國民的社會責任、建立一定的經濟生活水準並維護這種水準、幫助自己的孩子成為一個能被人信賴的成人、充實自我的業餘生活、接受並適應中年期生理方面的變化、照顧年老的雙親等。

六、老年期

　　包括：適應體力與健康的衰退、適應退休和收入的減少、適應配偶的死亡、與自己年齡相近的人建立健康而親密的關係、承擔家族義務、降低對於物質生活需求的滿足等。

　　生活在一起的人們都具有共同的人格特點，即所謂的「典型人格」。文化人類學家米德（Margaret Mead），觀察了新幾內亞（New Guinea）三個原始部落社會中人們的行為，發現不同的社會文化因素之不同影響，而同一個文化圈內生活著的人們，都具有共同的行為方式與人格傾向，例如：住在山上的人，傳統上一向和平相處，因此該地居民人與人之間很合作，性格溫和、對人親切；住在河岸的土人，由於傳統上好鬥、殘忍，不論男女，其性格都極為相似，因而當地居民也是相互攻擊，不合作，占有慾很強；住在湖邊的土人是母系社會，男女性別分化得很明確，女性支配男性，握有經濟大權，男子在家帶領孩子，有自卑感，在陌生人面前顯得靦腆。

【生|活|故|事】

人生的圓圈

在一家電話推銷公司的業務員培訓課程中，其主管有一次在課程中，用圖詮釋了一個人生寓言。

他首先在黑板上畫了一幅圖：在一個圓圈中間站著一個人，在圓圈的裡面加上了一座房子、一輛汽車、一些朋友。

主管說：「這是你的舒服區。這個圓圈裡面的東西對你至關重要：你的房子、你的家庭、你的朋友，還有你的工作。在這個圓圈裡頭，人們會覺得自在、安全，遠離危險或爭端。」

「現在，誰能告訴我，當你跨出這個圓圈後，會發生什麼？」教室裡頓時鴉雀無聲，一位學員打破沉默：「會害怕。」另一位認為：「會出錯。」這時主管微笑著說：「當你犯錯了，其結果是什麼呢？」最初回答問題的那名學員大聲說：「我會從中學到教訓。」

「正確！你會從錯誤中學到東西。當你離開舒服區以後，你會學到你以前不知道的東西，增加了自己的見識，所以你進步了。」主管再次轉向黑板，在原來那個圓圈之外畫了個更大的圓圈，還加上些新的東西：更多的朋友、一座更大的房子等。

「如果你老是在自己的舒服區裡頭打轉，就永遠無法擴大你的視野，永遠無法學到新的東西。只有當你跨出舒服區以後，你才能使自己人生的圓圈變大，才能把自己塑造成一個更優秀的人。」

啟示：安逸的生活是誘人的，但也是致命的。它總期望能把我們牢牢地拴住。但我們的心告訴我們，我們需要的是自由，要到天空展翅高飛。所以，勇敢地跨出這個舒服區，你會發現，你失去的只是栓住你的鐵鏈，但得到的將是整片藍天！

思考問題 💡

1. 請從微觀結構與宏觀結構的觀點說明社會心理學的意義。
2. 請說明個人與社會的相互作用過程中，牽涉到社會心理與社會情境的兩個層次。
3. 請舉例說明社會心理學發展的三個重要階段。
4. 請從群體心理、人際關係心理，以及個人心理的觀點說明研究社會心理的方向。
5. 請舉例說明社會心理學實際應用的兩個難題。
6. 請舉例說明社會心理學實際應用的處境與問題。
7. 請舉例說明社會心理學實際應用的三個困境。
8. 請舉例說明社會心理學最主要是哪三種的應用？
9. 請從社會文化作用的觀點說明社會心理學的應用。
10. 請從家庭親子影響的觀點說明社會心理學的應用。

第二章

培養優質內涵的生活潛力：
社會化的心理意義

第一節　社會化的基礎

壹　社會化的意義

　　「社會化」（Socialization）這個名詞，在許多社會學家及社會心理學家的著作中，我們可以發現許多大同小異的定義，都是以傳遞文化之過程、以人格形成之過程，和以進入社會角色之過程等概念為重心來解釋，其實三者可謂三位一體，因人格乃角色之表現，人格亦可謂為文化之主觀方面。

一、學者的觀點

　　以下介紹學者們的三種社會化觀點：社會化是行為方式的過程、社會化是生物人類化之過程，以及社會化世人從動物轉變為具有人的人格之過程。

　　艾麗爾特（Mabel Agnes Elliot）及麥麗兒（Francis Ellsworth Merrill）在《社會解組》（*Social Disorganization*）一書中指出，社會化是指兒童經由社會互動以獲得其人格之過程；換言之，社會化是個人學習其所屬文化中適當行為方式的過程，亦即成為人（human）的過程。其內容及範圍包括：語言、習俗、角色、規範、價值，甚至如何思想等，全部都是在社會化過程中所學

習到的，除了少數基本衝動外，個人之所思所為，幾乎全都是從環境中的其他人習得。

羅斯（P. I. Rose）與布里姆（Orville G. Brim）認為，社會化是把文化傳遞給生物學上的人類嬰兒之過程，因此，可以了解文化，可以在行為中使用文化。社會化也可說是傳遞一種次文化（Sub-culture）給尚未對它熟悉的那些人之過程，而個人獲得使其成為所屬社會之稱職分子的那些技能、知識及意向。

韓特（C. K. Hunt）及荷登（P. B. Horton）指出，嬰兒以有機體的身分進入這個世界，依自己身體的舒適而反應。但不久之後，會逐漸變成一個具有態度、價值、喜惡、目標及目的、反應模式，以及自我之觀念的人（human being），其獲得這些所經歷的過程就是社會化。也就是說，把個體從動物轉變為具有人的人格（human personality）之學習過程；換言之，社會化是一種過程，因此個人會把所屬的社會規範向內投射，而產生個人之獨有的特殊自我（self）。

二、自然人與社會人

社會化是心理學、社會學等諸多學科共同研究的課題，不同學科對社會化的研究各有其重點，但都認為它是社會穩定和個人發展的重要基礎。從出生到長大的生命過程中，每個人都是不斷地與周圍環境的相互作用，逐漸從一個自然人，發展成為一個社會人。在這個過程中，個人不僅學會了認識社會、適應社會，以致於改造社會，而且還各自形成了與他人不同的心理特徵和行為風格，這個過程就是一個人的社會化過程。對於社會化問題的討論和研究，可以幫助我們明瞭個人在社會化過程中所形成的各種心理特徵與行為風格，而有助於管理者對人性本質的理解和認識。

貳 社會化的過程

　　個人的社會化過程，主要包括兩個方面：一方面是指，個人進入社會環境、融入社會關係體系，進而掌握社會經驗；另一方面是指，個人透過積極介入社會環境而對社會關係體系進行積極的反映。這就是說，個人不僅要掌握社會經驗，而且還要把它變成自己的價值觀念和立場。而社會經驗的改變，是指個人不是消極地接受社會經驗的累積，而是以自己的積極目的為前提去建立經驗。

　　以社會學的觀點來說，人的社會化過程是橫貫整個人生而完成的。個人從嬰兒期開始，經過童年、青年、成年直到老年，都在經歷著個人的社會化過程。心理學家哈威斯特（Robert Havighurst）認為，學前期是接受社會化的最佳時期，這期間兒童要學會說話、走路，學習區分善惡、是非等；兒童期是學習男女角色，建立良好同伴關係、發展獨立個性的時期；青年期是生理發展和智力發展的黃金時期，在這個時期，青年要學會認識自己的生理構造、學會保護自己、扮演好男女性的社會角色、進行男女間的交往，並進行職業選擇，以及為結婚和組織家庭做必要的準備等；成年期是建立事業的時期，一方面要適應職業生活，習慣與工作夥伴協同活動，另一方面還要管理家庭、教育孩子，完成公民應盡的社會責任等；老年期則是建立類似年齡層的密切交往時期，在這期間，一方面要為了減少寂寞和孤獨與同齡老人建立各種人際關係，而進行密切交往，另一方面又要適應體力及健康的衰退、退休後收入的減少和配偶逝去所帶來的心理衝擊等。

　　總而言之，社會化是隨著人們各自所具備的不同條件，有選擇性的形成。由於人們在性別、年齡、體質、智力、生理狀態、遺傳特性等方面的不同特點，其社會化過程的內容是不相同的，即使生活在同一個社會環境裡，每個人的思想意識和行為方式也不會完全一樣，一方面是由於人的素質不同，另一方面則是由於社會對個人的行為規範和要求完成的活動所容許的內

容不同。此外，社會化的目的是要求每個人都能夠成為社會所需要的成員。社會化就個人來說，首先必須是一個精神健康的人，不僅具有能夠適應各種情境變化的獨特人格和行為方式，並且能夠積極地支配環境。因此，個人的社會化過程，也是個人的個性化過程，這種一系列的過程，包括：「人格與個性的發展」、「社會角色的取得」、「社會態度的形成」，以便發展成為具有「政治社會化」、「經濟社會化」、「職業社會化」，以及「道德社會化」等的現代社會人。

參 影響社會化的因素

　　社會化，是透過個人和與之有關的其他個人及群體的相互作用所形成的。人的行為是按照一定的社會規範，透過與他人的相互交往，在一定的時間、地點和條件下，為了滿足個人的某種需要而進行的。因此，構成社會化的整個因素就是影響個人的全部社會生活環境。家庭、環境和社會文化影響是構成社會環境的三個主要環節。

一、家庭影響

　　父母對子女社會化的影響是最大的。兒童的第一個學校是家庭，父母是兒童的首任教師，父母的言行舉止，無一不對孩子具有潛移默化的作用。從兒童的成長來說，家庭、幼兒園生活、學校等，都對兒童的社會化有著深刻的影響，其中家庭環境的影響具有特殊意義，因為兒童的家庭生活約占全部時間的三分之二。現代心理學研究顯示，個人接受社會化的最佳年齡是學前期。

二、環境影響

　　環境影響主要是指社會環境的影響，特別是指學校教育的影響。按照教育學的觀點，學校的作用，主要是在於把各種道德標準、行為規範、社會價

值觀念，以及前人所累積的知識、經驗、技能及技巧，透過一定的方式，有計畫地傳授給下一代，使其符合社會化的要求。學校對個人的社會化要求，主要是由教材的傳授、學科內容的考核、教師的人格影響，以及同儕之間的相互作用所實現的。當然，社會環境的影響，除了學校教育之外，國家的政策和方針、社會上的各種道德觀念、通俗習慣、宗教信仰、社會輿論，以及意識形態等，都具有不可忽視的作用。因此，為了加速人們的社會化過程，國家經常有目的性地透過報紙、電台、電視、廣播、電影、書刊等不同方式，對人們施加各種不同的影響。

三、文化影響

個人即是生物人，社會人也同時是文化人。社會文化影響個人的層面，主要包括政治、經濟、宗教、文化、風俗、習慣、民族傳統，以及生產力發展水準等。不同的文化結構對人的社會化影響也具有明顯的區別，研究發現，由於社會文化不同，居住在新墨西哥洲的印第安人具有公共精神，能忘我犧牲，性情順從，不武斷從事；而居住在美國西北海岸邊的印第安人，私有欲望較強烈，熱衷於獲得社會聲譽，喜歡爭強鬥勝，互相在浪費錢財方面較勁，即使送禮也要贏過他人。筆者的童年生活在「日據」時代的客家農村，由於大家保留著一些「原始」社會的文化特點，具有強烈的宗親與社區觀念，因此整個村莊沒有偷盜，不必鎖門，每年收穫完畢，糧食就放在自家的棚子內，隨取隨用，無人看管。但在台灣光復之後，由於社會與經濟發展因素，特別是政治因素的介入，而導致傳統文化的喪失。

第二節　社會化的進程

壹　社會化與心理發展

　　人生雖是短暫的，但卻是美好的，認識自己、把握自我，就可以在一生中有所作為。每個人的一生都在不斷的發展與變化，每個時期就像齒輪一樣帶動著我們的腳步，走完人生的歷程。天真無邪的嬰幼兒用笨拙的動作與好奇的眼神，觀察多采多姿的世界，以獨立行動的意向以及對人類文明的不斷追求；語言的學習，使童年的視窗看到未來的理想，用各種方式體驗著人的情感，體會人生的真諦；如果說懵懵懂懂的兒童是朝向外部的時期，他們的喜怒哀樂、情感需求都寫在臉上，那麼，處於朝氣蓬勃的青年就是一個內部獲得的時期，他們有健壯的身體、足夠的智力、豐富的情感、異想天開的思維，他們希望得到成人的理解與尊重，但又無法控制自身的魯莽；他們渴望友誼，但又偶爾關閉自己的內心，而讓自己陷入迷惑。當年齡較大時，回到家鄉面對長輩，付出關懷與理解，也讓自己先一步體會自己老之將至的情境。

　　經驗告訴我們，人類若採取適當的方法去開發與發掘靈感，就能大幅度地提高認知的能力與改造世界的能力，也就能大大地提高智慧、自信與完美人格，並增進心理健康。如此一來，人類在社會化過程中，會朝向更加文明、健康、繁榮的境界，而達到更加美好的未來。但若要實現這一切，就需要學校教育、生活教育與專業教育，讓人們了解到智力因素和非智力因素在個人發展中的作用。所以，認識能力從感性水準提高到理性水準，是屬於質的提升，這也是個人在教育影響下產生的心理變化。另外，人的個性品質和道德行為，都是透過一定的教育社會化過程而逐漸形成的。

生命發展的進程

　　生命進程是社會化發展的核心，凝聚著許多個人發展的生命歷程，並經過歷史的考驗，有如田徑接力賽的代代相傳。人都會有這種朝向一定方面成長的趨勢和需要，這個方向可概括為自我實現或心理的健康成長，它使人具有希望、嚮往、有所追求的目標，使人的潛能得以表現，進而使自己成為一個更完善和完美的人。而從需要的角度來看，每個人在自身發展中，都有一種積極向上或高層次的需要，它促使我們不斷完善自我，因此，每一個人都具有強烈的求知慾及獲得成功的願望。動機是個人行為的啟動，具有強度和方向性。個人成就會受到動機因素的強烈影響。因此，心理學家強調，人的生存需要滿足後，接著就是發展的需要，在文明進步的社會中，發展需要主要是透過教育社會化的活動來促成的。

　　生命發展的進程有下列三個特性。

一、三重性

　　人的生命進程發展具有三重性：身體、精神與心理：

1. 人的存在是身體，位於身體中作為內在動力的是生命。

2. 存在於身體內，作為外在感知中心的是精神，這些都是構成人生的基本要素，既是人的個性、情緒、本能、慾望的源泉，也是人的認知、思維、創造、行為的基礎。

3. 人的心理狀態，其產生與身體機能和精神有密切關係，人的心理感受與性愛、婚姻、家庭的關係，以及人的精神狀態與文化、科技、社會組織的關係等，都可以從生命的奧秘中尋找答案。人類之所以要不斷認識世界、發明創造、調適自我，也不斷追求愛情與婚姻的美滿，甚至受到宗教信仰和自然神秘現象的吸引等，都是源自生命的誘導。同時，這也是促使人們把研究的觸角伸向人體、大腦和人的行為領域，

在整體世界裡涉足和探奇的原因。

二、超越自我

　　超越自我是個人生命進程的重要動力。每個人都有發展自我、完善自我的需要，也都有取得成功的願望，而個人受教育的過程就是發展不斷滿足需要的過程。許多人都渴望取得成就，受到長輩表揚和同伴認可，都希望自己在各方面比他人做得更好並且不斷超越自我，這與人類追求真善美境界的天性是一致的，而人就是靠著這種願望的追求而不斷發展；需要是發展的推動力，人格的健康發展是離不開需要的合理滿足。潛能、良好的環境與教育只是成功的可能性因素，從可能向現實轉化，離不開個人的成功願望，這就是積極性。要發揮個人的潛能就要注意培養個人的自我概念；所謂自我概念，就是自己對自己的行為、能力或價值所持有的態度之感覺和評價，它是掌握自己行為的心理歷程。

三、期望效應

　　社會心理學研究顯示，要使個人在社會發展獲得成功，就應該不斷地使自我感到自身的努力是可行的，並不斷給予成功的回饋，這樣才能使自我堅持下去，持續獲得成效，這個過程稱為「期望效應」，能藉此幫助個人贏得成功與自信。美國心理學家曾於 1968 年對某個小學一至六年級學生進行試驗，首先對其進行「預測未來發展」的測驗，隨後列出全班人數前 20 ％名單，告訴他們是「最佳發展前途者」，事實上這個名單完全是隨機挑選的；結果八日後，家長與教師都看到如期待那樣的成績，這些孩子的智力得到了發展，表現出明顯的進步，而且每個人都是活潑、學習精神良好、行為舉止得體的。

　　一年後，再進行了一次測試，這些「最佳發展前途者」的成績持續成長，但是低年級學生卻未見提高，原因是原來的教師調離該校，新任教師不

知誰是「最佳者」，而不能以特殊的方式對待他們。這個實驗採用了一個謊言——「權威性的謊言」，得到了眾多教育工作者經常嚮往的結果；此實驗有兩個基本概念：一是「自我實現預言」，就是人們對某種情況的知覺，有可能改變情境以適應其知覺；二是「長輩期望」，就是家長與教師根據對某個學生的認識而形成一定期望，促使該學生朝向被期望的方向發展；家長與教師對學生抱有何種性質的期望，都會有意無意地以相應的態度、方式對學生施加影響，而在他們身上產生不同的教育效果。

期望需要積極性與持續性，在一段時間後，個人一定會如長輩所期望的那樣獲得進步或發展。由「長輩期望」所引起的個人自我實現預言，這一過程被稱為「期望效應」。期望效應的產生是多種心理功能綜合作用的結果，包括：角色期待作用與權威宣示作用。期待是實現角色的有效手段，長輩對個人的期待表現，在他對個人學習行為、智能的信任。這些訊息在個人意識中日積月累，個人逐漸理解了長輩的期望、意圖，知道自己應該具有的角色。長輩的真情感動了個人，個人就會獲得實現此一角色的信心，進而做出各種努力，積極與長輩交流情感，甚至會和長輩達成一種默契，並且下定決心對長輩的關心做出報答。角色實現的過程，是個人社會化的過程。從本質上來說，期望效應就是角色期待的效果。

參 個人心理發展

在討論社會化與心理發展，以及生命發展進程的前提之後，我們要思考個人心理發展的相關論題。從社會心理學的觀點來看，個人心理發展有下列五個層面。

一、兒童社會性的發展與成人的行為

社會性的發展貫穿於整個生命過程，包括一生中各階段不同的發展形式、各階段行為變化的過程以及相互作用。兒童社會性的發展內容，包括：

親子關係、同伴關係、師生關係、社會互動行為、攻擊性行為、性別差異、社會認知等多方面。兒童社會性的發展，對發展到成人期和老年期的行為會產生重大影響。

二、家庭教養方式對兒童性格的影響

兒童的性格不只是先天遺傳，還會受到家庭、社會環境的影響。家庭的溺愛與嬌縱、家庭的專制與粗暴、家庭的歧視與虐待，以及家庭的忽視與放縱等，都會形成兒童不良的性格特點。

三、青少年期叛逆心理的引導

獨立自主是青少年期共同的心理特徵。由於身體的快速發育，青少年在心理上會覺得已是成人，而要求成人能平等地對待自己，反抗「多餘」的照顧、監督或被設計好的人生旅程；成人過分的監督，往往會引起他們的反感，造成強烈的叛逆心理。因此，加強與青少年之間的意見溝通，幫助青少年正確認識社會、完善自我，是重要的研究內容。

四、成年期社會關係的正確處理

成年期是事業的高峰期，然而工作壓力加上自己與家人的期望，自身也會有強烈的緊迫感；工作上要有好的表現，生活上要照顧家庭，既要輔導孩子的學習與品行，又要協調好夫妻關係、照顧漸漸衰弱的長輩，來自各方面的壓力使得成年期的人們負擔很大，讓許多成年人生活在事業與生活的夾縫中。另外，婚姻出現危機也是成年期的一種社會現象，婚姻的問題不僅影響成年人自身的家庭幸福與個人的身心健康，而且還會直接影響到工作與社會。所以，在進入成年期之後，調整好工作與家庭生活的關係非常重要。

五、老年期「閉鎖心理」的調節

社會生活節奏的變快和老年人生活節奏的變慢是對老年人的一大挑戰。步入晚年，生理的衰退與其伴隨的心理變化，使老年人產生對生活的不適應。新技術是對老年人的第二種挑戰，易使老年人有著跟不上從業技術更替的強大心理壓力。老年人生活的第三大挑戰是家庭結構的改變；小家庭取代了幾代同堂的家庭結構，使老年人感到孤獨與憂鬱，進而影響老年人的身心健康，因而導致老年期的「閉鎖心理」。所以，人到老年期要如何避免孤獨與淒涼、如何更好地健康與避免病痛，以及有尊嚴的歡度晚年，是研究的重點之一。

總之，在漫長的人類社會化發展史上，個人不同階段的心理發展牽涉到生命領域與心靈領域的同時發展，其中包括了無意識本能、群體記憶、情感衝動、實驗智能，以及精神創造等諸多內容。精神創造是生命發展的最高階段，人在自然界中的特殊地位也是經由精神創造這個基本性質所決定的，因此，在文明的進程中，使人類生產力逐步提高的途徑，不再是完全依靠體力或增強體力，而是藉著人的智力之放大，即人的大腦思維功能之提高來實現的。

第三節　社會化的動力

社會化是人類文明的原動力，其作用是發展與創造更適合居住的生活環境，幫助個人生涯規劃、就業發展、累積財富，創造更美麗與舒適的家園。

壹　社會化與創造力

人類發展的轉折點是社會化的結果，從學會手與腳的分工、製造工具，

進而提高勞動與生產效率，於是人類開始有了自己的文化和文明。生產及社會發展推動科學技術的進步，科學技術的發展就是人類的創造與發明；科學技術的迅速發展，使得它對社會的作用也愈來愈大。因此創造力的開發對人類未來的發展具有決定性的作用，而創造力是人類社會化發展的主要動力。

一、創造性思維

創造，包含著複雜的心理歷程，它主要是透過一種創造性思維而實現。創造性思維是以解決科學或藝術研究中所找到的困難與疑問為前提，用獨特創新的思維方法，創造出有價值的新理論、新觀點、新知識、新方法等心理歷程。一般理解的創造，指的是對全世界、全人類範圍來說，屬於首創、前所未有的物品或觀念。這樣的理解稱之為「狹義創造」，像愛因斯坦（Albert Einstein）的相對論（Theory of Relativity）等，而「廣義創造」則是指所產生的成果。

創造性思維是社會化重要的貢獻之一，創造活動可以分為創造過程和創造成果等兩個方面來分析，但從社會發展的需求來看，比較注重的是創造的成果。對於提高人的素質、開發人力資源而言，如何實現創造？創造活動是對未知領域的探索，而人們推動客觀事物的發展需要認識其客觀規律，不可能隨心所欲。從社會心理學的觀點來看，人類創造活動涉及兩個系統：一個是事物發展變化的過程，另一個是創造者的成長、發展到突破的過程，這兩個系統既相互關聯又獨立存在：「事」的變化與發展，是「人」去認識而促成的，而「人」的認識，則需要洞悉「事」的內在規律。

二、四個階段

英國心理學家沃勒斯（Graham Wallas）指出，創造活動無論其規模大小，其創造過程一般都必須經過四個階段：準備期、發展期、實踐期，以及驗證期。

（一）準備期是準備和提出問題階段

　　一切創造都是從提出問題開始，從本質上來說，就是找出現有狀況與理想狀態之間的差距。人們常說，提出恰當的問題就可以解決問題的一半，可見提出問題的重要性。愛因斯坦也認為，形成問題通常比解決問題還要重要，因為解決問題不過是牽涉到數學上或實驗上的技能而已，然而明確問題之所在並非易事，需要有創造性的想像力。

（二）發展期是認真思考和假設階段

　　對所蒐集的資料、訊息進行思考與探索是解決問題的關鍵，大腦常常需要相當長的時間做高度運轉，不斷地從各方面去進行各種假設，讓其在頭腦中反覆地組合、交叉、分析和融合，不斷地否定與選擇，而形成新的假設和創意。在發展過程中，有時可把問題暫時擱在一旁，以便產生新思維或在潛意識層面徘徊。經驗證明，在發展期中如能在大腦長期作用後，有意識地得到鬆弛，則有利於誘發靈感。

（三）實踐期是頓悟和突破階段

　　實踐期是找出具體解決方法的階段。頓悟是指經過長時間的思考之後，新的想法在極短暫的時間裡豁然開朗，靈感直覺的思維發揮功能。頓悟和突破雖然是在瞬間出現，但大部分是在經歷長期高度思維活動的基礎上才會產生。

（四）驗證期是評價、完善和充分論證階段

　　當獲得突破後，這種靈感必須及時記下，並且要盡快地充分擴展，否則不可能有真正的突破，更無法邁向成熟。這期間的心理狀態較為平靜，但需要耐心、慎重和周密。創造思維具有兩種形式，即求同思維和求異思維。創造性思維是多層次、多水準、多因子的動態心理歷程，各種心理因素會相互聯繫、相互誘發、相互促進。

　　總之，在創造性思維過程中，想像是創造發明的催化劑，而想像又可以分為再造想像和創造想像，其中創造想像是創造的關鍵。個性問題也是創造心理學的重要研究課題，一般認為，興趣、能力、意志、氣質、性格等，對人的創造性活動都有影響。

創造力的內容

　　神話的魅力在於一個「神」字，例如：愛因斯坦的發明，看起來很尋常，道理很樸實，簡單到一般孩子都很容易學懂，但這種看起來尋常的發現更令人不可思議，為什麼偏偏由他發現呢？答案是：想像力加上對新奇事物的探索。

一、想像力

　　世間的一切就是由於發明者的神奇想像力，創造中的想像，不能不說是一種神奇的智慧。愛因斯坦有一段名言，他說：「想像力比知識更重要，因為知識是有限的，而想像力蘊涵著世界上的一切，能推動進步，並且是知識進化的泉源。」迄今為止，人類在大自然面前，仍然像當年牛頓（Isaac Newton）所說的那樣：「只是一個在海濱玩耍的孩子。」大海深處有什麼？海的另一邊是什麼？他並不知道；怎樣進入大海深處，怎樣跨越大海，他也無能為力。但人類是一個聰明而好奇的孩子，不會因為進入不了大海，而把深海排除在思考範圍之外；不會因為沒有去過大海彼岸，而不去想彼岸的情景。所以，儘管人類的實際能力就像牛頓比喻的那樣，只能常常找到一些美麗的貝殼或石頭，但他時時想著「廣大的海洋」一定具有無窮的蘊藏，這就是想像的空間大於人類認識的領域。

　　超越性是想像力最重要的特徵。它可以超越知識，使人類在未知領域遐想，也可以超越感官，進入人類無法直接感覺的領域。人類的感官功能是非常有限的，能看到的、能聽到的、能聞到的、能感受的東西，與極其豐富的

自然物質相比，實在是太渺小了。因此，想像彌補了人類社會化中的客觀限制，進而使人類擁有了一個與大自然一樣豐富的主觀世界，而這個主觀世界充滿著假設、夢想與虛幻。大自然的確是非常之奧妙，但就人類目前已經取得的成就顯示，人類的想像也同樣地神奇。想像力是一種人類能與大自然相對應的能力，是一種創造力，只要人類不願意滿足現有的知識水準和現有改造世界的水準上，人類就必須高度重視這種神奇的能力。

二、新奇事物

人類對新奇事物的探索是社會化過程中的另一項突破：對周圍的事物，尤其是對那些比較新奇的事物，都會引起人們仔細的觀察。然而，為什麼發明者能看到他人所未察覺的事物？那就是觀察能力。達爾文（Charles Robert Darwin）曾這樣說過：「我既沒有突出的理解力，也沒有過人的機智。只是在觀察那些稍縱即逝的事物，並對其進行精細觀察的能力上，我可能在眾人之上。」他這樣說是對觀察能力在科學發展之作用的充分肯定。

科學的觀察使人類捕捉到許多稍縱即逝的瞬間現象。埃及人是一年 365 天的第一個發現者，首先我們可以把它歸結為尼羅河（Nile）的啟示，它每年泛濫一次，每次泛濫都是從六月底開始，至十月下旬結束。因此，它就像一年一度盛開的桃花、一年一度飛來的候鳥一樣，把一年的時間週期顯示在人們面前。觀察對象的恆定性和普遍性，是人們能否把握永恆的基本前提。如果你想知道人一生的生長狀況，並不需要對一個人具體的出生、成長、衰老、死亡等進行全面性的觀察，只要觀察許許多多不同年齡階段的人，例如：嬰兒、幼兒、少年、青年、壯年、老年，你就可以知道人的一生是怎樣演化了。

人類的創造活動是探索未知，科學創造的複雜性、艱巨性、長期性，要求科學工作人員意志的必要。意志是創造成功的心理條件，對創造有著重要的激勵與指向作用，凡是做出重大成就的科學家都有遠大的志向，愛迪生（Thomas Alva Edison）說：「我的人生哲學是工作，我要解開大自然的奧

秘，並以此造福人類。我在世的短暫一生中，我不知道還有什麼比這種服務更好了。」

參 創造力的展現

從社會心理學的觀點來看，創造力從智力資源與自我成長中展現：前者是「因」，後者是「果」，共同開創人類的文明社會。

一、智力資源

創造力的展現主要建立在智力資源基礎上，它是智力充分發揮的表現。文明在於創造，人才之所以可貴，貴在創新與開拓。羅傑斯（Carl Rogers）認為：「相信在每一個人身上都有著創造潛力。」培養創造力就需要有一個民主的學習環境，創造力的發展，受環境因素的影響較大。父母對子女管教過嚴，子女是較少有創造力的，而學校對兒童的創造性也有直接影響，因此，教師要改變傳統觀念，要鼓勵學生進行創造性學習。

重視獨特的問題、想法和解決辦法，透過採用發散式提問模式和發現式提問方式，教師可以啟發學生創造性思維。吉爾福特（Joy Paul Guilford）提出了發散性思維之四要素：流暢性、靈活性、獨創性和精緻性。獨創性與對事物反應的獨特性，教師可以要求學生提出他人沒有想到的回答，或介紹一些需要特別方法才能解決的特殊情境，以激發學生的獨創性。

二、自我成長

自我成長的性格品質是人對自己的一種態度，自我成長的品質，能夠提高創造者思維批判性與思維精確性，使創造者及時糾正自己不符合事實的思維。進行複雜的創造性勞動完全不犯錯誤是不可能的，不怕犯錯誤，只怕知道錯誤而不改，唯有批評和自我成長，確實檢討，才能改正錯誤。

科學家大多能勇於自我成長，公開承認自己的失誤或錯誤，進而有助於

提高創造的水準，愛因斯坦（Albert Einstein）就是其中之一。美國教育心理學家戴維斯（Davis）與豪特曼（Houtman）提出了培養創造思考能力的四種方法：

1. 局部改變法：任何一件事物，在量和質上，多是由幾個部分或屬性所組成。在已有的事物的部分或屬性中，動腦筋將其加以局部改變，在工作性質上就是一種創造。

2. 棋盤法：是一種分析事物使人思考周密的方法。改變某一事物，必先對該事物之屬性或條件有一個徹底的了解，然後針對當前情況及所要達到的目的做一番研究。

3. 清單法：用所列舉各種方向的清單來核對思路，是訓練思考周密、避免遺漏的一種方法。

4. 比擬法：這是一種從類似事物的啟發中，得到解決問題的方法。類似事物是原型，從原型的啟發中，推陳出新的解決問題之方法。

人的行為發展是個人社會化與環境相互作用的結果；創造活動是人的一種行為，也是個人與環境相互作用的結果。一個人在創造活動中展現創造才能，既有賴於自己的主觀因素，例如：創造性思維和創造性人格，也有賴於其所屬的客觀因素，也就是影響創造者發揮創造能力的各種外部因素，和條件構成的外部環境或社會環境。社會學者曾指出：「人們自己創造自己的歷史，但是他們並不隨心所欲地創造，也不是在他們自己所選定的條件下創造，而是在直接碰到時、從過去繼承下來的條件下創造。」因此，社會心理學要協助建立推崇創造的社會共識，培養、支持創造的社會觀念，以形成創造的可貴風氣，塑造一種開放、自由、和諧的氣氛。

【生|活|故|事】

高離婚率的社會

　　台灣近二十年來，有超過一百萬對夫妻離婚，高離婚率排名全亞洲第一。除了高離婚率外，由於雙薪家庭及緊張生活的多重壓力，使得父母親與子女之間的互動也愈來愈少；而社會的風氣也走向不結婚，或是結婚但是不生小孩的情況，當然，這種情形就使少子化與人口老化的現象更加明顯。另外，離婚也會產生單親家庭教養、祖父母的隔代教養、再婚及新組合家庭的內部融合問題，小孩在面對大人感情世界時，會影響本身對未來感情的想法。

　　因為大人無法維持婚姻關係而離婚的情況，如果已經有小孩，因為孩子是無辜的受害者，所以大部分的目光都聚焦在小孩的教養問題上，因為他們年齡小、謀生能力與適應力較低，關懷離婚家庭問題和保護未來主人翁有極大的互為因果關係；離婚家庭問題愈小，下一代的成長會愈正常，以後這些小孩成立的家庭可能會更珍惜婚姻關係而不容易離婚。相對地，不對離婚家庭的小孩給予正確的教養與愛的關懷，則這些小孩未來的感情與婚姻，會不會又發生與其父母親同樣的情形，令人十分擔心。

　　婚姻輔導通常都發生在已婚的情況，只有少數的人會在結婚前或剛新婚時尋求婚姻諮商的協助，因為大部分的人都認為愛情的甜蜜比起婚姻的現實更加重要，也認為盛大的結婚典禮與蜜月旅行的必要性更重要，加上良辰吉日的加持，婚姻又會有什麼問題呢？然而，在進入婚姻前，是應該事先學習婚後生活的必要細節，接受專家指導家庭教育。在國外電影中的結婚典禮中，主持婚禮的牧師都會問新人，你們願意在對方任何好壞的情況下，都願意與對方廝守在一起嗎？新人都說願意，然後牧師就說你們已正式成為夫妻了。所以，如果大家都能夠記得熱戀而結婚的過程，並且遵守結婚的承諾，相信離婚的比例會降低很多。

換票

　　有兩個鄉下人準備外出打工。他們一個買了去紐約的票，一個買了去波士頓的票，到了車站，打聽後才知道紐約人很冷漠，被問路也可以索取小費；波士頓人特別友善與質樸，看見露宿街頭的人會特別同情。

　　要去紐約的人想：還是波士頓好，賺不到錢也不會餓死，幸虧還未上車，不然就麻煩了。要去波士頓的人想：還是紐約好，被問路都可以賺錢，幸虧還沒上車，不然就失去了發財的機會。

　　最後，兩個人在車站相遇，原來要去紐約的人去了波士頓，打算去波士頓的人去了紐約，他們兩個人換了車票，也換了不同的人生際遇。

　　去波士頓的人發現，這裡果然好。他剛到那裡的一個月，什麼都沒做，竟然沒有挨餓。銀行大廳裡的水可以白喝，而大商場裡還有歡迎品嚐的點心也可以試吃。

　　去紐約的人發現，紐約到處都可以賺錢。只要想點辦法，再花點力氣就可以衣食無虞。憑著鄉下人對泥土的感情和知識，第二天，他在建築工地裝了十包含有沙子和樹葉的土，以「花盆土」的名義，向平時看不到泥土而又愛花的紐約人兜售。當天他在城郊往返六次，淨賺了五十美元。一年後，他竟然憑著「花盆土」擁有了一間小小的商店。

　　在城市穿梭多年之後，他又有了一個新的發現：一些商店樓面亮麗但是招牌較黑，外觀顯得很不協調，一打聽才知道這是清洗公司只負責打掃辦公室而不負責清洗招牌的結果。他立即抓住這一個機會，買了工作梯、水桶和抹布，開辦起一家清洗公司，專門負責擦洗招牌。如今他的公司有了一百五十多個員工，業務還發展到了附近的幾個城市。

　　過了一段時間之後，他去波士頓旅遊。行走在人行道時，一個撿破爛的人伸手向他乞討，這時兩個人都楞住了，因為五年前，他們曾換過車票。

啟示：安逸舒適的環境容易消耗一個人的意志，最後導致一事無成。何
　　　處是磨練自己、施展抱負、實現夢想的好地方呢？記住：充滿挑
　　　戰的地方，才有創造新局面的機會。

思考問題

1. 請用學者的觀點說明社會化的意義。

2. 個人的社會化過程，主要包括哪兩個方面？

3. 影響社會化的因素有哪三項？

4. 生命發展的進程有哪三個特性？

5. 何謂期望效應？

6. 從社會心理學的觀點來看，個人心理發展有哪五個層面？

7. 創造過程一般經過哪四個階段？

8. 想像力最重要的特徵是什麼？

9. 如何展現創造力？

第三章

發展就業優勢的競爭能力：
心理與社會活動

第一節　智育發展

　　智育活動是智慧教育活動的簡稱，是社會活動的首要功課，它包括有形、正式的學校教育，以及無形、非正式的家庭教育與社會教育。在所有的智育發展中，心理學則扮演著推手的任務，促成智育發展在智商（IQ）之外，加上情商（EQ）的效益。智力又稱為智慧或智能，是指人們在獲得知識與運用知識解決實際問題時，所必備的心理條件或特徵。心理學家普遍認為，天才也能夠經過後天的努力而培養；而與生物工程相關的腦科學開發，將使低智能在人類社會中消失，有效開發智力方式甚至能決定人類心智發展的進程。第二次世界大戰之後，隨著科學技術的突飛猛進，教育學家愈來愈意識到，應該培養學生成為具有解決實際問題能力與具有創造性才能的人。

壹 基礎能力發展

　　智育的核心是培養一個擁有基礎能力的人，包括：兒童、學生以及成人，讓其具備一定的能力。能力是指在活動中，具有調節效率作用的個人心理特性，基本上可以分成兩大類：一類是讓活動順利進行的心理特徵，稱為智力，又叫認識能力；另一類稱為技能，是透過學習而形成控制動作的一種

符合客觀規律要求的行為模式，而解決問題的能力就是智力和技能的有機結合。智育心理學家認為，智力和技能的形成有賴於對以往知識的掌握。智育心理學著重探討的問題是智力結構、智力發展動力，以及智力創造性的關係。

一、智力的定義

1921 年，美國《教育心理學雜誌》（*American Journal of Psychology*）邀請了十七位當時知名的心理學家，請他們為智力作出定義，他們各抒己見，概括起來有六種看法：

1. 智力是一般能力：把智力看成是一般能力，或者看成是一般能力的認識能力，是人們進行認識性活動所必須的心理條件之總和。
2. 智力是智力測驗所要測量的特質：一般來說，智力不是個別能力，智力是與人的各種認識活動相互聯繫的一種潛在能力。因此，智力是一種以腦神經活動為基礎、偏重於認識方面的潛在能力。
3. 智力是學習的潛能：把智力看成容易並迅速地學習事物的能力。
4. 智力是對新環境的適應能力：智力是指個人有意識地以適當活動來適應新環境的一種潛力。
5. 智力是抽象思維能力：智力的定義是在解決問題時，運用言語和符號等抽象的思維能力。
6. 智力是一種綜合能力：認為智力是個人有目的地行動、合理思考、有效地應付環境變化的綜合能力與行為潛能。

二、智力因素

桑代克（Edward Lee Thorndike）首先提出智力的特殊因素說，他認為智力由許多種能力所組成，個人在社會活動中學習獲得，也在社會活動中展現出來。桑代克認為，個人有三種智力因素：

1. 抽象的智力，是指一個人處理語言和數學符號的能力。

2. 具體的智力，是指一個人處理事物的能力。

3. 社會的智力，是指處理人與人相互交往的能力。

皮亞傑（Jean Paul Piaget）的智力構成說認為，兒童的智力在遺傳因素和環境條件的交互作用下，經過順應、同化、平衡，不斷處於構成之中。他指出，智力在一切階段上，都是把材料同化於轉變的結構，從初級的行動結構提升為高級的運算結構，而這些結構的構成乃是把現實在行動中或在思維中組織起來，而不僅僅是對現實的認識與描述。總之，智力活動就是對學習、對生活環境的適應，使個人與環境之間取得平衡，但是這種適應不是消極、被動的，而是積極、主動的。

一般而言，在個人智力結構的形成過程中，構成了不同的智力等級或階段，例如：零至二歲幼兒是感覺運動階段，只能用感知與動作來接觸外界；三至七歲兒童為運算思維階段，表現或內化的感知和動作來接觸外界；八至十二歲階段為具體運算階段，兒童開始能獨立地運用各種方法進行正確的邏輯思維，但不能脫離具體事物或形象的幫助；十三至十五歲少年為形式運算思維階段，個人具有可以根據假設對各種命題進行邏輯思維的能力；十六歲以後的高中與大學時期，則繼續在以前各階段所學習到的基礎上，加強對各種命題進行邏輯思維的能力，然後再根據個人規劃的專業領域發展。

貳 教育活動發展

教育活動發展是整合各階段的智力發展。早期教育對智力的形成與發展具有決定性的作用，可以決定一個人今後智力的發展水準。如果兒童在生活的早期被剝奪了智力刺激，那麼，他們永遠達不到原來應該達到的高水準；相反地，如果給孩子優越的早期教育，他們的智力就會得到較好的發展。

一、教育的重要性

十九世紀德國的著名法學家威特（Karl Witte），小時候讓人覺得非常癡呆，連他母親也認為小孩太笨，教育是白費力氣；但是他父親認為，在嬰兒的智力曙光剛出現時，就應該進行教育。由於威特得到良好的早期教育，在八歲時就學會五種外語，九歲考上萊比錫大學（Leipzig University）。而印度「狼孩」（Wolf Boy）的例子也從反面說明了早期教育的重要性。1920 年發現的「狼孩」卡瑪拉（Kamala），八歲回到人間後，只相當於六個月嬰兒的心理發展水準，十七歲死時，也只有三至四歲兒童的智力。根據美國的調查，許多病因不明的弱智兒童多半是貧民窟的犧牲品，他們受到社會、文化和教育的剝奪，有人發現低階層兒童的智商平均為 90，而中階層的是 110。

根據上述背景，美國有一份統計資料顯示：

1. 全國弱智者有四分之三是在隔離的、貧困的都市貧民窟。

2. 農村或城市低收入階層中的孩子，被診斷為弱智的比例比高收入家庭的孩子高十五倍。

3. 低收入家庭的孩子入學前，沒有接受過系統的學習所需的經驗，他們在語言和讀、寫、算所需的抽象思維能力上機能遲鈍。

4. 都市低收入區學校學生的成績，比同年齡學年的國家水準落後六個月到三年。美國學者布魯姆（Benjamin Samuel Bloom）指出，若以十七歲測量的智力為標準，從胎兒期到四歲，個人發展其成熟智力的 50 %，從四至八歲，發展了其餘的 30 %，八至十七歲只剩下 20 %，因此早期教育對智力開發非常重要。

二、智力開發

在學校期間，學生主要學習的是書本知識，因此書本知識在智力發展上具有重要價值。社會環境對智力的形成和發展有決定性的作用，而這種作用的發揮取決於教育的實施。教育，特別是學校教育是一種有目的、有計畫、

有系統的活動，法國教育家愛倫維修（Claude Adrien Helvétius）說：「*即使是普通的孩子，只要得到適當的教育，也會成為不平凡的人。*」學生智力的高低與其受教育的程度有著密切的聯繫，受教育機會愈多，其智力水準就愈高，而智商愈高、智力水準也愈高，接受教育程度和發展機會就愈多。

三、環境因素

個人之間的環境差異，在造成個人之間的智力差異方面究竟有多大作用？對於這個問題的定量解答是「環境影響力的推估」。由於包括智力在內的大多數心理特質的個人差異，是遺傳與環境共同作用的結果，因此從邏輯上看，只有在控制個人間的遺傳差異條件下，才能準確地推估環境影響力。智力差異與出生次序的關係，屬於個人間特殊環境的差異；有一種說法，即長子女的智力往往比其弟妹們發展得要好一些，而且兄弟姐妹間的年齡差愈大，這種效應就愈明顯，不論家庭的規模如何，出生次序的效應是相似的。

社會心理學家對上述機制提出了一個稱為「家庭內在差別的社會化」的解釋，該解釋是指，家庭裡每個孩子是與一個抽象的家庭成員相互作用的。這些抽象的家庭成員之智力水準高低不同，會影響兄弟姐妹間的智力差異。具體地說，長子女有一段時間是僅僅與成熟父母相互作用的，而次子女則一開始便有一個未成熟的家庭成員加上成熟父母，與之相互作用。以此類推，排行愈小，則有愈多未成熟成員與之相互作用，當把年齡大於特定子女的其他成員之智齡平均數，做為僅與該子女相互作用的抽象家庭成員時，就不難發現排行愈小的孩子，就愈多與智齡低的抽象家庭成員作用，結果顯示智力的出生排序效應。

參 社會環境作用

人們所處的社會環境及其所參與的社會活動，對人的智力形成和發展有極為重要的作用。恩格斯（Friedrich Engels）指出：「*人的智力是按照人如*

何學會改變自然界而發展的。」即智力或能力是在使用過程中累積發展起來的。

一、社會關係

　　人類智力的發展，一方面不能獨立於社會群體之外，而是處於現實社會關係之中，在人們的相互影響下展開並實現。在源遠流長的人類歷史發展過程中，無數歷史事例都說明了政治制度、經濟基礎對人的智力發展水準之影響；在某一時期，由於社會需要，為人類的智力發展提供了絕佳的機會，因而百家爭鳴，人才輩出。

　　由於人類社會的不斷進步、生產力不斷提高，以及科學技術的發展，每個歷史時期都有新的要求，以因應時代的需要，人的智力和能力也會隨之得到發展。智力的發展是接受與掌握人類社會歷史成果的結果，是在前人獲得的知識經驗基礎上所獲得的。也正是因為如此，近代人總是站在前人的肩膀上看世界，於是看得更清、看得更遠，人的智力可被發掘的機會也愈大。社會實踐是人們憑藉自己的智力和體力，以一定的方式作用於客觀現實，力圖實現自己目的的社會活動。在社會歷史發展的過程中，人們的實踐領域不斷擴大，人的智力水準也日益提升。

二、後天因素

　　智力發展，既受到遺傳素質與先天因素的影響，也受到後天因素環境與教育的影響，但就每一個人而言，在發展過程中又存在著一定的差異，因此，每個人都需要確認自己適合的位置，尋找最佳的人生定位。能力類型差異是指，個人和群體在各類能力方面的差異；智力類型差異是指，智力組成因素的質的差異，表現在記憶、知覺、表象、思維等方面；特殊能力類型差異，則表現在音樂能力、專業活動等方面。但是，重要的是確定自己的能力所在，找到自己的定位，努力奮鬥，就能夠成功。

 第二節　訊息交流

　　訊息交流或訊息溝通是社會活動的另一發展。二十一世紀是所謂的「訊息時代」，它的來臨給人類社會帶來了前所未有的文明、進步、創新和開放的時代氣息。人們在行為方式、思維方式、道德觀念、價值取向等方面，因為加上電腦與網路科技的普及，將產生劃時代的轉變。也就是說，訊息社會裡的各種訊息或訊息的媒介物，將對人們的思維、感覺、行為等心態結構，以及社會生活產生重大影響及變遷作用。

壹 訊息的社會意義

　　訊息將涵蓋到人們的精神世界和心靈深處。整體社會將是訊息的社會，是人們生存的重要因素。在此時，知識經濟、網路經濟、網路文化等名詞，幾乎已成了人們生活的一部分。人類已經用自己創造的技術創新了一個新時代，建構了一種新的文化網絡。

一、訊息的意義

　　訊息，又稱為情報，訊息心理學是訊息論和心理學的有機結合，是研究訊息與訊息接受者之間心理規律的科學。訊息的範圍很廣，例如：核糖核酸分子（DNA）轉移細胞遺傳密碼的過程，在醫學及科學上也被稱之為訊息；有線、無線電視及網路廣告也在不斷地向我們提供訊息；一張記錄了各種數據的小紙片，也許就可能包含了銀行存摺密碼或重要的電話號碼，在這種情況下，這看來是張平淡不起眼的紙片，其實就是無價之寶——這當然也是訊息。

二、訊息活動

訊息活動中的心理所涵蓋的內容非常廣泛，但是人們的認識活動，例如：記憶、想像、感覺、知覺、思維等心理活動，以及人們的意志、個性、情感、能力等方面，無一不與我們所處的訊息時代相聯繫。在倡導終身教育、多元化發展、知識經濟的時代裡，一個人心理活動的特點，就決定了接受訊息、學習知識的能力。訊息活動的心理研究，包括：人的心理發展規律、特點，以及訊息社會、訊息技術的和諧發展。

以前的技術，從手工工具到電力技術，從功能上來看，大多是以加強人的肢體能力以及對技術的掌握為主，並且主要著重技術的操作。而以電腦網路技術為主角的訊息時代，完全可以透過其功能的發揮來提高人的思維能力，並擴大知識應用範圍與快速處理訊息的能力。而訊息活動中的心理也將針對人類智能技術的發展提供更多的對策性研究。

貳 訊息的社會功能

從心理學的觀點來看，訊息，特別是現代的網路訊息具有四大社會功能：訊息的傳播功能、訊息的轉化功能、訊息的適應功能，以及訊息的教育功能。

一、訊息的傳播功能

傳播是訊息的主要功能，包括：探討訊息接受者心理、探索大眾接受和學習訊息的心理反映與特點，以及認識訊息傳遞的客觀規律。由於目前訊息傳播的內容方式無所不包，那麼人們在接受訊息時對什麼樣的訊息感興趣？什麼樣的訊息能使人們產生何種的心理反映？這對於訊息的交流及傳播有著十分重要的意義。心理學研究也證實：一個人易於感受到其所希望感受的東西，而所希望的條件愈高，就愈容易使人們放棄。所以在數位化的時代裡，

人的能力提高與訊息質量的保證，是非常值得關注的問題。

二、訊息的轉化功能

　　訊息除了傳播之外，在儲存、傳遞、處理的過程中，與人之間的關係非常密切。創造訊息時代的主體是人，人也是訊息時代的主導因素，但是並非所有的人都具備開發和利用訊息環境的能力。一方面是部分人憑藉自己的能力，可以將大量訊息轉化為自己的知識，加速知識的累積，不斷提高自己的智力與內涵；另一方面是一部分不具備足夠能力的人，他們接受的訊息大多是關於生活服務、娛樂和一般的訊息，而沒有將訊息真正當作智力發展的資源。訊息時代最根本的內涵就在於使人類的心力和智力獲得成長，並達到全面性的發展。除此之外，在網路上人與人之間的訊息系統，在興趣、情感、態度等方面，也表現出許多新的心理現象，例如：目前很流行的網路交友平台、網路購物，甚至網路犯罪等，都是訊息活動中的心理學所要探討的重大課題。

三、訊息的適應功能

　　訊息具有社會適應的功能。訊息時代的發展，必須在廣泛的層次中打破人們固有的社會交往、消費、學習等固有模式，這在心理層面會表現出興趣愛好的擴大與變化、人際交往的變遷、各種娛樂活動的蓬勃發展等多方面。如何在社會生活方式變遷的大背景下，適應新的社會心理模式，是未來訊息活動中的心理學領域之首要研究對象。在各國訊息領域的發展現況上，已經有一部分工作人員實現了在家上班的夢想，這對於紓解交通擁擠、節約能源、提高工作效率等具有積極作用。另外，訊息技術的發展使社會更加開放，傳統的文化與社會結構正在改變，知識領域發展的速度相當快速，這對於人們舊有的心態結構也許是一種無奈，但它所帶來的整體社會效益是相當可觀的。訊息活動中的心理學是一門新興的心理學分支學科，在網路時代的

衝擊下，必然將發揮自己學術科學的作用，讓每一個訊息技術的使用者，在充分享受近代科技的同時，也能夠真正把握自我、認識自我。

四、訊息的教育功能

訊息技術在教育上也形成了一場革命，因為透過網路，加上功能強大的搜尋網站功能，我們可以將百科全書放在一旁，也可以隨時向全世界各地具有相同興趣或技術的人請教。憑藉網路訊息技術，人類豐富的文化遺產和新科技、新知識得以在全世界每一個角落交流，更讓全人類在網路的連接下，得到各式各樣的資訊與文化知識。文化的交流，也必將以文化為載體，對人們的心理結構產生重大的影響，例如：你是一名古典文學或音樂的愛好者，透過網路的學習，將帶給你更大的幫助，並能更加擴展你的愛好層面。

參 訊息與社會發展

訊息是社會發展過程中的推手，以下列三點來探討。

一、知識與創新

知識與創新的訊息與社會發展息息相關：個人能取得所需要的知識訊息，然後在這個基礎上開創新的發展領域。透過網際網路的訊息交流，人們可以自由的、廣泛的傳達科學知識與對生活的感受理解，同時也很容易促成人們新的科學理念和發明動機。這樣一來，不僅可以累積更豐富的知識，而且還可以促進人的社會化發展，形成更好的人際關係。更重要的是，由於電腦具有對語言和文字識別、認識和處理的強大功能，利用電腦與網路學習的知識更利於記憶，也更利於人們的思考與創新。

二、文化和價值

訊息發展整合了社會的精神文化和價值體系。訊息時代的本質精神是運

用科學與知識，在這個前提下，目前大眾文化的核心顯然偏向知識與科學，在這種情況下，我們首先應擁有一個好的網路文化，才能促進大眾心理的健康發展，這也是時代的要求。網路訊息與知識經濟，是目前生產、生活方式發展的直接因素，必然要在改變人們生活方式的同時，引起人類精神文化和價值體系的巨大變革，而重要的是：這種變革對人類而言是否健康？是否具有建設性？是否能持續發展？

問題的關鍵就在於，我們是否擁有許多可以好好運用訊息的人，組織利用訊息，讓更多人懂得如何學習，才能更容易地吸收和傳播科學和文化知識。網路技術使人們了解各種價值觀與各類文化的價值，人與人之間遠遠的空間距離似乎已不存在，人們的心理距離如此地接近，可以超越地理和文化隔閡而與他人交往，這不僅改變了人們的交往模式，也改變了人們的心理生活。

三、個人與發展

在這種全新而開放的文化模式中，有更多個人的發展潛力與機會。凡是利用網路訊息的人，都能在接觸、學習多元文化的過程中，不斷開發個人的知識與能力結構。然而更重要的是，每個人在這個過程中，都可以透過知識的獲得而發展自己最擅長的部分。人類社會從十六世紀起，許多人就已大力鼓吹人本主義、人道主義、人文精神等思想，但他們最本質的追求就是人與人之間的平等、和平共存與創造能力的發展。在訊息時代，由於科學與知識的發展下，每一個人都可以主張自我，都有充分享受自由的權力。在網路的環繞下，世界是平的。每一個人都可以自由地搜尋、運用自己想要的訊息。人們每天在網路上娛樂、交友、購物的同時，也在創造一個理想世界。

第三節　消費活動

　　在人類的社會活動中，除了前面所提到的智育與訊息之外，經濟活動則扮演著另一個關鍵角色。在經濟活動中，生產和消費一直被看成是生活的核心，其流程是：人們為社會生產而得到財富，同時以財富來滿足自己的需要，由此形成一種循環。從生產物品與消費來看，生產是由勞動者的需求來維持，而消費的擴大會持續刺激生產，這將會增加人的就業機會，反過來又刺激更大規模的消費，這已成為經濟生活的規律。

壹　消費的社會意義

　　消費需求正朝著多樣化、個性化的方向發展。商品趨勢也有新的特點，大致上是：健康化、簡便化、流行化、安全化，以及高級化，這種商品趨勢不僅引起各國商業的注意，也促進了心理學對消費動機和消費行為的研究。

　　隨著經濟市場的擴大，人們對消費行為與權益的關注日益增強，一些學者從研究消費者是什麼樣的人、怎樣去挑選商品，而將消費行為與人格心靈聯繫起來；也有人開始探討影響消費者的期望與態度、消費在各式各樣條件下的反應等。他們從研究消費者的態度、期望及其變化的資料蒐集與分析中，發現心理因素對經濟行為的影響，主要表現在有關消費、娛樂、儲蓄、投資等商業行為的決策中。以消費者的支出行為來說，並不僅僅取決於他們的收入多寡，還受到環境因素和心理因素的影響，而消費者心理對經濟波動的影響，遠遠超過他們的收入變動對經濟波動的衝擊。在不同的條件下，這些因素可以影響消費率的提高或降低。總之，消費者在社會生活中的地位，以及在消費時的心態和需求，決定了人們的動機和行為。

消費的個性

　　社會心理學者認為，人的價值觀念和生活態度是影響消費心理的重要因素，例如：審美型的消費者，對產品的美感特別有無限的吸引力；以理念型的消費者來說，其主要著重樣式新穎、注意產品的變化趨勢，有跟上流行的消費心態；經濟型的消費者，則對效用和單價最敏感，物美價廉是激起強烈購物慾望的原動力；社會型的消費者，則是按照團體價值的標準購買商品，對價格並不在意，常常將購買商品視為買賣雙方的人際交往；政治型的消費者，具有較強的主導性質，並能隨自己的意願獲得所需的商品，因而價格是否合理通常不是第一考量的點，而更注重的是如何獲得滿足感；宗教型的消費者，較喜歡那些與精神信仰相關的商品，而排斥與宗教信仰相背離的東西，具有鮮明的信仰傾向；傳統型的消費者，只挑選他們熟知的商品，抵制新奇的東西，不受他人影響，具有習慣購物的消費傾向；開放型的消費者則以追求時尚和流行趨勢為目標，所以可能一時衝動而買到不合宜的物品。

消費的知覺

　　消費知覺是消費者在購買商品之前，對於商品的各種感覺之過程，也就是透過視、聽、觸、嗅、嚐等五種感覺，形成對某一商品的知覺反應。在這個過程中，消費知覺由選擇的感受性與知覺的認受性組成。根據這一理論，選擇的感受性具有以下三個過程：

1. 選擇性注意，例如：在挑選商品時，大比小、亮比暗、左比右更容易引起注意。
2. 選擇性自我抉擇，這種自我抉擇是根據以往的經驗、偏好以及當時的情緒等，以形成一種自我理解的結論。
3. 選擇性記憶，係指人們在生活中所記得的常是那些與自己觀念、興趣

相一致的東西，而容易忘記與自己無關的東西，選擇商品也是如此。

消費知覺的過程是由選擇的感受性朝向知覺的認受性所提升的過程，因此，人們對那些熟悉、常見的商品，極易產生好感，而對那些陌生、奇異的產品常常持保留的態度，進而影響消費動機。有知覺認受性傾向的人常常會影響他人，但也受到他人的影響，雖然這類消費者具有多樣化、不穩定的特徵，但卻能引導商品消費的潮流，是各種新潮商品的主要消費群。

肆 消費的心態

在一般性的商業經營活動中，消費者的購買行為大都是受到個人對想要購買商品或勞務付出的情況所支配，而這種行為是由消費者個人的需求動機、購物環境、社群結構，以及文化背景等多種因素所決定的。一般說來，評估一種商品的好壞與否，首先是以個人的情感為依據，其次是信念，它包括了對商品特殊性和一般性的理性認知，並由此決定購買慾的強弱。接著是行為選擇，這是極為複雜的心理模式，包括了人對商品消費所形成的下列各種功能性：

1. 順應功能性：消費者隨著市面上流行的從眾心理傾向。
2. 自我防衛功能：消費者維護權益、防範賣方侵害的自我保護傾向。
3. 價值表現功能：消費者對價值觀和社會觀的個人傾向。
4. 知識決策功能：消費者對產品和勞務所具備的知識結構，並因此決定購買行為的理性決策傾向。

伍 消費的動機

消費者由於不同的身分地位、機遇及感受，決定了不同的動機和需求，而需求欲望又是決定消費動機的重要前提，例如：在較低需求階段的消費者，常常將收入的大部分花在購買衣服及食物等的生存需要，而在較高需求

階段的消費者，則常把費用花在奢侈性消費的需求上。另外，戀愛階段的年輕人，常常在零食、服裝、化妝品及新式 3C 產品等方面花錢較多；而具備專門學科或藝文的人，在購買書籍、報刊、影音資料等方面的費用，則占了很大部分。人們出於生活習慣和業餘愛好，而購買某一類型的商品，常常是大眾消費的一種主要形式，例如：有人喜歡旅遊，就會對照相與攝影相關的產品特別有興趣，這種由興趣愛好促成的消費動機，往往與消費者的知識程度、生活樂趣有關。

現代化生活模式因為電腦網路等技術的興起，市場掌握人的消費傾向，使新的購望慾望不斷產生，而這樣的消費方式，使節儉失去主導市場的力量，而消費更多的物品也就成為勞動生產的唯一目的。亞當‧斯密（Adam Smith）因此指出，勞動得到的報酬愈大，消費的動機也愈強烈，他並說：「勤勞的目標如果不在於生產可供人們享用的東西，或可以增加人類生活上舒適便利的東西，那還有什麼意義呢？」也就是說，如果我們不把勤勞的成果拿來享用，如果勤勞不能使我們可以照顧、養活更多的人，以及給人更美滿的生活，那勤勞究竟有什麼意義呢？亞當‧斯密強調，勤勞節儉的目的只有兩個：一是享用，二是將剩餘的生產物資變成資本的累積。

雖然人們已經深深感到單純追求物質享受、及時行樂、揮霍浪費等是人性特殊的表現，強調人類除了物質充裕之外，還應該有豐富的人文素養，但對商品豐富所帶來的吸引力卻無法抵抗、無法消弭。另外，經濟因素並不僅僅是影響生產與消費的關係，更是受到文化心理因素的影響，因為心理特質既豐富了人類生活，帶來和諧與美滿幸福，也降低了人類理性的充分發展。許多事實顯示，經濟活動的心理認受性已愈來愈標榜，成為人們選擇生活方式和價值觀的重要因素，而商品經濟有其負面效應，例如：漫無節制、赤裸裸的金權交易、充滿市儈的商業投機、嚴酷的市場埋性，以及放棄溫情關懷的功利情結等。對於業已形成的全球性市場體系來說，只注重金錢享受的虛幻繁榮，而忽視帶來的危險和詭譎，就必然對社會有所傷害。

【生|活|故|事】

超越自己、激發潛能

美國德克薩斯州有位單身母親艾麗，帶著一個一歲大的女兒安妮，住在一所公寓的五樓。媽媽艾麗依照德州傳統的方式教育女兒，教導女兒過著有規律的生活。而小安妮也乖巧地聽從母親的教導，凡事按部就班、中規中矩，十分討人喜歡。

小安妮每天早上十點起床，而艾麗則利用早上女兒還未起床的這段時間，上菜市場買菜，處理一些瑣事。

這一天，艾麗和往常一樣，上午九點鐘左右就從市場回來，到了居住的公寓附近，遇到鄰居太太，便站在路邊閒聊了幾句。在這時候，一向守規矩的小安妮，今天竟然提早起床，在家中四處找不著媽媽，遂自行爬到窗台往下看。

正在和人聊天的艾麗，不經意地抬頭看了看自己的五樓公寓，居然看到了小安妮趴在窗台上向她揮手。艾麗一看，大驚失色，慌忙向小安妮做手勢，叫她不要亂動，就怕小安妮一個不留神，失足跌下來。

而在窗邊的小安妮看見媽媽的手勢，誤以為媽媽要她下去，一向乖巧的她，立即從窗台上爬了出來。驚恐的艾麗見到小安妮從五層樓的高處墜落，立即拋下手中所有的東西，一個箭步衝上前去，用跑百米的驚人速度，奔向小安妮墜落的地方。

就在千鈞一髮之際，只見由五樓墜落的小安妮，被及時趕到的艾麗伸出雙手接個正著。小安妮還不知道自己差一點丟掉性命，直望著媽媽傻笑。

這個消息經媒體披露後，吸引了許多專家學者的注意，他們來到出事的現場，用和小安妮同等重量的物體，從五樓丟下，再請當時百米賽跑的全國記錄保持人，從艾麗當時站立的地點開始跑，試圖接住墜下的物體。但試驗的結果，往往選手跑不了幾步，實驗物體便已墜地，更不要說去接住它了。

專家們也請艾麗試著跑了幾回，結果當然比選手的表現更加差勁，根本不可能再次接住五樓墜下的實驗物體。因此，專家們得到一個結論，除非將墜下的試驗物體，換成原先的小安妮，是絕對不可能來得及接住的。問題是，艾麗當然不肯再來一次，畢竟小安妮是艾麗僅有的一切。

啟示：人在極端狀況下爆發的潛能有時連他們自己都難以相信，這主要是因為那種激發人類潛能的極端狀況無法重複，還有就是人在這種狀況下，奮力一搏的心理也是無法模擬的。但不可否認，人的確有超越自己、超越自然的潛能。在日常生活中，我們總會遇到各種困難，有時甚至認為它們根本沒辦法克服。這時我們是否能夠捫心自問，自己是否用盡了全力來克服困難，相信多半人的答案是否定的。真正的強者從不屈服於困難，相反的，困難往往能激發他們巨大潛能，在克服困難的過程中，他們又向前邁進了一步。

思考問題

1. 智力的定義是什麼？

2. 桑代克認為個人有哪三種智力因素？

3. 何謂家庭內在差別的社會化？

4. 何謂訊息？

5. 從心理學的觀點來看，訊息具有哪四大社會功能？

6. 試說明訊息在文化和價值方面的意義？

7. 消費的社會意義是什麼？

8. 試列舉消費的個性？

9. 試說明消費的動機？

第二篇

應用篇

第四章

建立認識自己的成長基礎：
自我的發展

第一節　個人的自我成長

　　從社會心理學的觀點來看，個人的自我成長是從自我探索開始，因為自我探索是個人認識自己的第一步，接著在這個基礎上，發展個人的生涯歷程。探索自我成長的內容，包括：人類成長意義、環境決定因素、自我概念因素，以及遺傳決定因素。

壹 人類成長意義

　　大部分的人在「自我探索」的議題上，以下列五項問題最引人深思：

1. 小時候我是怎樣過來的？
2. 二十年以後我將會在什麼地方？做什麼事？
3. 我可能會用什麼方法來確定和修正我自己的命運？
4. 我的命運可能會牽涉到哪些人？
5. 我個人的歷史是什麼？

　　實際上，對這些問題的回答反映了同一事物的兩個方面，也就是我們的現在和未來，深深地紮根於我們的過去。事實上，我們曾經度過的兒童與少年時代的所有經歷，仍然留在我們身上，繼續影響著我們的思想和行為。

一、三個原因

關於人類成長的意義，研究人員發現有下列三個重要原因：

1. 兒童的撫養是一個相當精密與複雜的工作，然而擔任此工作的父母往往未經過任何職前訓練或教育。

2. 兒童的撫養是人們都很關心的一個大問題，這可從以下事實得到證實：每年有千百萬父母求助於家庭諮詢機構。再者，就班傑明・斯波克博士（Benjamin Spock）所著作的《嬰幼兒護理》（*The Common Sense Book of Baby and Child Care*）一書來看，其銷售量達 5,000 萬冊（統計到 1998 年，這本書仍然繼續出版，但改名為：*Dr. Spock's Baby and Child Care*），而且翻譯成全球四十二種語言，可見父母對於撫養兒童知識的需求有多大。

3. 在人類歷史上，我們開始意識到有相當的可行性，可以極大地改變人類發展的進程，使它朝著更高的自我實現方向發展。

二、發展潛能

我們開始認識到千千萬萬的人，在他們身上存在著未完全開發的巨大潛能。根據這一觀點，愈來愈多的心理學家開始研究，從不同的試驗性質，在生命週期的每一特定階段，用什麼樣的方法來加速培養並充分發揮個人的機能。這一認識正在開創人類研究的新進程，使它朝著可能達到的人類目標和價值邁進。或許未來的歷史學家會把這一認識稱之為人類歷史上最偉大的發現，也或許我們已經開始了改變人類發展進程的第一步。

影響人類發展的主要決定因素，可以分為三類：環境、自我概念，以及遺傳。每一決定因素效果的充分發揮，且只有在三個因素的同時影響下，才有可能實現。換言之，只有三個決定因素的相互作用，才能發揮最終作用。

環境決定因素

　　環境是個人成長的第一項決定因素。根據研究顯示，人類的發展比原先人們所認為的，更容易受到環境的影響而變化，而不僅僅是遺傳因素，如時鐘一般，不顧周圍世界的一切，只是一秒一秒的轉動著，標示著時間的刻痕。

一、五個環境因素

　　人類的發展容易受到環境的影響而變化，以下列出五個環境的決定因素：

1. 正常的身體發育並不是單由基因所控制：對於在刺激量最小的環境中撫育成長的孤兒之研究顯示，只有 42 ％的孤兒在二歲時能夠坐起來，而一般嬰兒大多在四十週以前就學會坐起來；15 ％的孤兒在四歲時才學會走路，正常的兒童在十五個月時就能走路了。

2. 性別作用的發展受到社會撫養的影響，大於由遺傳所確立的生物性別影響：在一項研究的一百一十個例子中，只有七個的生物性別作用強於社會性別作用。因此，在我們的性別作用與生物遺傳及環境遺傳相適合時，我們會感到較為舒暢。

3. 智力發展並不單由基因所決定：在一項研究中，將一組平均智商成績為 64.3，年齡平均在三歲以下的精神遲緩孤兒，從孤兒院轉到遲緩成年療養院，讓他們與年紀大的婦女住一起，並接受她們的照料。這些婦女大部分時間裡和她們的「小孩」在一起，和他們遊戲、講話，與他們互動。經過約十九個月後，小孩的智力測驗平均成績大幅度上升至 91.8；而同時，仍留在孤兒院的一組兒童之成績則下跌了一些，平均智力測驗成績為 60.5。實驗以後，遲緩成年療養院的兒童大多數被領養家庭帶回家。兩年半以後再次測試時，這些被領養的孩子其平均

智商成績為 95.9，對照組僅為 66.1。二十年以後，實驗組的所有成員之生活都能獨立自主，他們的智商成績在正常智力範圍之內，而對照組的所有人仍表現為智力遲緩。

4. 人類發展的里程碑之一是適應不斷變化的環境要求之能力：在動物世界爭取生存和成長的鬥爭中，會出現許多不同的調節形式，有的動物完全透過繁殖爭取生存，有的動物主要依靠毒物、偽裝和速度等防衛武器。儘管形式各異，但這些方式中有一點是共同的——它們依靠的是「內在」的調節技能。多數動物雖擁有某種學習能力，但它們的行為主要則是由本能的調節形式所決定的，也就是說，它們生來就具有這種調節功能。

5. 個人的發展過程離不開社會化（socialization）：個人的發展常常是在學習某一群體的人之價值觀、標準和準則等。我們可以看看下面介紹的幾個嬰兒，他們會怎樣獲得相似的或不同的社會行為？

二、嬰兒房的春天

在醫院的嬰兒房，我們可以觀察到下列幾個重點：

1. 在嬰兒房的幾天裡，這些嬰兒將和那些前後出生的嬰兒過著一樣的生活，直到他們出院後回到各自的家庭，於是他們有不同的機會、不同的家庭、不同的鄰居、不同的思想意識，這一切將塑造出他們的未來和個性。

2. 在這些嬰兒之中任意挑選幾位，看起來長得都很相像，但在今後的歲月裡等待著他們的，將是不同的生活。當他們開始意識到現實時，他們將會盼望著怎樣的未來？

3. 其中的一個嬰兒之父母都在上班，一個從事教職，一個是企業的職員，他們都受過大學教育，都希望給自己的嬰兒各種機會來發展健康的身心。他會受到很好的照顧和教育，更重要的是，他會對生活有現實的觀點。父母會教他如何對付自己的局限性，並且教育他有充足的

自信，才能擁有自己的生活；他將因為自己是個受父母親照顧得很好的人而自豪。

4. 另外一個嬰兒出生才二十五天，就被丟進了市場後面一條巷子裡的垃圾箱，很幸運地，他在垃圾堆裡沒有被餓死，並且活了下來。

三、開放系統

接下來，眾多新生嬰兒中的幾個，他們將走完生命旅途的第一年，然後開始第二年……。他們會面對富有或貧窮、為人接受或被人拒絕、傷害或被傷害等。此外，他們不會意識到未來將是怎樣的。

若我們把遺傳和環境影響之間的關係看作是一開放的系統，在這一系統中，在發展的不同階段，每一個決定因素都注入不相同的能量和訊息，如果我們把這兩個因素看作是處於互相呼應的合作行動中，我們便可繼續觀察其組成部分的各項發展。

參 自我概念因素

自我概念可以有多種解釋，因為它是一個很複雜的概念，它代表的心理歷程圍繞著：個人認為自我真實的部分、自我的真實與虛假，以及自我處於哪一層意識狀態。

一、心理存在

人類並不僅僅是消極的有機體，只對外界的變化做出記錄、反應而已，也不僅僅對外界事物、對自己目前的狀態和未來發展，做出解釋、判斷、改變和完善。個人不僅僅是消極的模仿者，只對外界刺激做出反應而已，而是更積極地創造並從事於外部及內部的活動。個人最為重要的就是自我概念，它對我們心理存在的重要性，猶如生命之於我們的生物存在一樣重要。摧毀一個人的自我概念，就等於把他降為如同植物而已。任何對自我概念的攻擊

所引起的心理防禦之強烈程度，就像人體對於疾病引起的生物防禦一樣，事實上還會影響人的生物防禦。我們可以把自我概念看成是偉大的組織者和鼓動者，它給人們對自身發展的直接決定權。

二、最佳狀態

自我概念有強弱之分，個人要讓它維持在最佳的狀態。當自我概念相當強烈時，它會給人們這樣的一種感覺：活著是美好的，使我們相信自己能夠超越本來似乎是難以克服的障礙。這一觀點更被近期的一項研究所證實，例如：有些學生儘管家境貧困，但是在學業成績表現上非常好，而同樣貧困的經濟狀況卻使大多數學生產生了嚴重的學習困難。所以，那些少數成績優異的貧困學生正是具有健康的自我概念之人，是他們的父母親把這種信念、信仰傳給了他們。

肆 遺傳決定因素

遺傳是個人成長的重要因素之一。討論遺傳決定因素包括以下三個項目：遺傳訊息單位、遺傳色彩變異，以及兩種遺傳型態。

一、遺傳訊息單位

遺傳訊息單位主要包括染色體與DNA。一個獨特的個人是在雄性細胞精子成功地與雌性細胞卵子結合，所形成受精卵子之後產生的。父母親各給予受精卵二十三個遺傳染色體，在這些染色體中，每一個都含有二萬個基因，它們是決定和影響個人特性的載體。染色體與染色體結合、基因與基因結合，總數近一百萬個，這種隨機而成的不同遺傳組合，在理論上可以有無限個形式。基因是由脫氧核糖核酸（DNA）所組成的，已被認為是遺傳的基本物質，它對以遺傳密碼形式進行的每一個細胞之生物化學活動具有根本的決定作用。這套遺傳發展指令是在不同的環境條件下，在不同的程度上展開

的。儘管人類的基因圖譜已經被繪畫出來，但還沒有人能夠完全解讀出遺傳密碼。

二、遺傳色彩變異

有時候某一個主要的基因似乎能決定某一生理特性，但大多數載有基因的指令是可以進行修正、改變，甚至刪除的。遺傳影響基因組合共同作用的結果，這種共同作用會產生多基因遺傳，甚至看上去很簡單的某一生理特徵，例如：眼睛的顏色，也是由好幾個隱性基因與某一個主要基因相互作用的結果；甚至在眼睛的基本顏色決定之後，還會有許多可能的遺傳結合而產生很多色彩變異。個人的智力、特殊才能和創造性等特徵就更趨複雜，因為它們是遺傳、環境和自我概念交互作用的產物。

三、兩種遺傳型態

遺傳對人類發展的終生影響，可以分為遺傳型（genotype）和表現型（phenotype），遺傳型指的是整個遺傳稟賦，表現型指的則是遺傳得到完成或實現的程度。遺傳潛能若是未能充分實現，其主要原因在於嬰兒、兒童、成人的現狀，和他們在發展各階段本應達到的程度之間的巨大差別，而造成這一差距的主要原因之一，就是我們未能提供最佳的社會文化環境，否則的話，他們的生理及神經能力會比現在我們實際觀察到的要遠遠大得多。我們受到環境的限制大於遺傳所帶來的影響，這種認識或許促使人們為了在心理、生物及社會行為方面的改善，提高自己的能力而開始新的努力。專家指出，健康的人只發揮了其潛能的 10～15 ％，這種認識既是對這一時代的挑戰，又是這一時代的希望。

第二節　開創個人的自我發展

　　每個人是否真正了解自己？作為一個人，雖然經歷人生歷程的每個時期，但對已經歷的時期來說，未必就有清清楚楚的認識，以致於從兒童成長為成年的人，不知道該怎樣教育自己的孩子，不知道該如何對待兒童的任性和不聽話。許多父母對漸漸長大的孩子突然感到陌生，無法和他們溝通，不知道該用什麼方式來消除兩代之間的摩擦與衝突。大部分的人在對待兒童、對待青年，甚至對待自己時，都會有一種無所適從的感覺。現在，請靜下心來，了解一下自己的過去、現在和未來。

壹　成長中的變化

　　從受精開始到死亡之日為止，我們每一個人都隨著時間的前進而不斷變化著。最明顯的變化是生理上的變化，從出生時被大人懷抱著，之後學會爬行、走路，而另一個同樣重要的，就是心理活動的變化。

一、兩種變化

　　一個人的心理活動是逐漸產生和發展起來的。在人出生時，雖然已經具備了人所特有的生理機制，為以後的心理發展提供了可能性，但都還沒有成熟。剛離開母體的嬰兒，是一個軟弱無能的個人，大部分時間是處於睡眠狀態。之後隨著身體和腦部的成熟，在各式各樣的生活條件和教育下，才逐步出現了各種心理形式的活動過程和個性特點。

　　伴隨著個人活動的發展和成長，產生了語言和思維，開始形成對人、事、物的不同態度、不同情感體驗，以及不同的行為方式，並按照自己的意願主動從事人類的活動，進而達到成人的心理活動水準和完成社會化。而到

了老年，隨著生理機能的衰退，某些心理活動的能力也會減弱、退化。因此，一個人的心理經歷了發生、發展和衰退的過程，這是一種不可逆轉的過程，對此一過程中各個發展階段的心理特徵之研究，就是屬於發展心理的範疇。

二、發展心理

發展心理就是研究個人從出生到成人，再到老年的心理發生、發展和變化的過程。發展心理具體又分為：嬰幼兒心理學、兒童心理學、青年心理學、成年心理學，以及老年心理學。雖然，在邏輯上應當把重點均勻地放在生命的所有階段的發展上，但現在絕大多數的研究主要是針對兒童與青年。由於有這個著重點，發展心理一詞往往就與兒童心理學、青年心理學等詞互換地應用，因此，發展心理是在兒童心理學的基礎上產生的。

美國兒童心理學家霍林沃斯（Harry L. Holingworth）在 1930 年時，出版了《發展心理概論》（*Mental Growth and Decline: A Survey of Developmental Psychology*）一書。1933 年，美國另一位兒童心理學家古德伊那弗（Florence Laura Goodenough）出版了《兒童心理學概論》（*Handbook of Child Psychology*）一書，在書中他提出研究人一生的心理發展，要把心理看成是持續不斷發展變化的過程，要對心理發展的各種條件和因素作全面研究。所以，探索發展心理既要研究表露於外的行為，還要研究人內在的心理狀態；既要研究兒童、青少年，也要研究成人和老年；既要研究正常人的心理發展，也要研究智能較低的人和罪犯的心理表現。此一理論界定了發展心理的研究範圍和對象，直到 1957 年，美國的《心理學年鑑》（*Annual Review of Psychology*）才正式使用「發展心理學」作為章名，發展心理學這一概念由此被人們接受。

三、社會心理

　　發展心理是研究個人的心理發展，特別是社會心理的發展。心理發展是一個連續的過程，是一個數量不斷逐漸累積，和在此基礎上出現質變的過程。隨著新的本質出現，心理發展就達到了一個新的階段，於是表現出階段性，這些階段性是與人的年齡相聯繫的。在各年齡階段會表現出一般的、典型的、本質的心理特徵，我們稱它為心理年齡特徵，這是從許多同齡層的心理發展之事實中加以概括，和對不同年齡層的心理差異加以比較而提出來的。

貳 階段性的發展

　　就人類的發展而言，佛洛伊德（Sigmund Freud）曾進行過探討，並且提出了從出生到青春期的幾個發展階段，但佛洛伊德高估了發展中的生物學因素，以及人性本能的決定性作用，而對兒童教養的經驗、社會關係與文化對人類發展影響的重要性強調不夠。美國著名的心理學家艾里克森（Erik Homburger Erikson）便提出了貫穿人的一生之八個發展階段，每個階段由一個發展任務或危機衝突所決定，為了繼續健康的發展模式，這些危機衝突就需要解決。

一、出生至一歲

　　基本問題是建立信賴。嬰兒剛來到世上，非常脆弱，需要很好的照料，對成人有很大的依賴性。如果此時能用良好的方式使嬰兒得到食物，使其感到溫暖和舒適，嬰兒就會發展出信賴感，形成希望的美德，否則就會焦慮與不安。

二、一至三歲

發展中的自主性與羞愧、懷疑間的衝突。在蹣跚學步的時期，兒童開始堅持獨立，他們會說「不」，能夠走到自己想去的地方。在這個時期，可以開始大小便訓練，讓兒童有自主感，相信其自己的力量，而不能生硬地限制，不能懲罰過多，否則兒童會對自己的能力產生疑慮，對自己的獨立性產生懷疑。

三、四至五歲

存在主動性與內疚的衝突，此一時期兒童的任務是發展自己的主動性。兒童對自己的未來雖然沒有很確定的想法，但開始展開對生活的探索，所以此一時期的遊戲非常重要，可以透過遊戲來實現兒童對某種特質的追求，以及對未來生活的嚮往。

四、六至十一歲

著重在化解勤奮與自卑的矛盾。兒童進入學校，開始完成各種作業，獲得各種重要的技能、成就和能力感很重要。如果一個兒童在這時期反覆失敗（主要是學習上的失敗），可能會形成強烈的自卑感。所以這一時期要讓兒童體驗到穩定的注意力和孜孜不倦的勤奮，進而帶給兒童完成學習任務的樂趣，這是兒童以後能滿懷信心到社會上發展自己能力的基礎。

五、十二至二十歲

青春期的基本衝突是一致性形成與角色混亂。青少年一方面具有以前幾個階段中學習獲得的品質，另一方面又能為自己確定生活的目的和職業的選擇，進而獲得自我一致性。如果對自己沒有正確的認識，形成不被社會予以認可的角色，導致角色混亂，就容易形成消極的個性。此時，青少年重要的是發現自我、認識自我、完善自我。

六、二十至二十四歲

　　該時期基本的衝突是親密和孤獨。在這一時期，青年需要形成深刻的、持久的個人關係，與他人建立親密的聯繫、愛的關係。雖然艾里克森認為，最重要的親密關係是有義務與異性配偶的性關係，但此一觀點由於涉及的範圍太過狹隘而受到批評，但我們應該承認青年愛的美德，這會使青年產生強烈的責任感和奉獻的精神。

七、二十五至六十五歲

　　個人到中年時，其衝突是繁衍與停滯。繁衍的一種形式是生育，另一種形式是生產和創造能提高下一代精神和物質生活水準的財富，這在個人的一生中更為重要。所以，艾里克森認為，如果一個成年人沒有創造性的作為，那他就是停滯不前與停止成長。

八、人生的最後一個階段

　　包括衝突、自我整合與絕望。個人到老年時，對自己已經走過的生命旅程感到有意義，有一種滿足感、充實感、完善感，這就是達到了自我整合。可以把自己歸屬於一個更廣的文化或世界，會以一種超然的態度來對待人生和死亡，這種美德也會感染兒孫對世界充滿信任、信心和愛。相反的，覺得個人的一生沒有價值且不滿意，在處於人生的最終階段時，就會有一種失落與絕望。

　　從以上幾個階段，我們可以看出艾里克森對每個發展階段的衝突都有具體的描述，而且貫穿個人的一生，這在心理學的研究上是前所未有的，值得我們重視。

發展階段特徵

個人從出生到成熟再到老年，其發展過程中的各個階段有各自主要的特徵。了解這些，就是了解自己，包括了解自己的過去、現在和將來。

一、人生起點的初生嬰兒期

這是人類心理發展的第一個階段，也是一個人生長發育的第一個高峰期。這一時期主要是動作的發展，其軀體動作的訓練應遵循順序：抬頭、翻身、坐、爬、站、行走。雙手動作的發展也有一定的順序：由漫無目的地亂抓，發展到有目的地拿取；由整個手掌抓取，進步到拇指和食指合作；最後是雙手、雙眼協調的抓握和擺弄物體。動作的發展擴大了初生嬰兒活動的範圍與周圍世界的接觸，對發展其感覺與知覺有很重要的意義。所以，讓初生嬰兒多看、多聽、多摸，訓練其手、眼、腦互相協調的能力是非常重要的。

二、喜歡探索的嬰兒期

嬰兒最明顯的特點是動作增多，並逐漸朝向熟練、複雜、精確發展。雖然此時的動作仍不靈活，但活動的積極性很高。喜歡模仿，對周圍的一切事物都有強烈的求知慾望，很想了解這個神奇的世界。當會用「我」來表示自己的時候，什麼都想「我來做」、「我自己來」，常常是「心想事不成」，這是人生第一個「危機期」。對於孩子的「獨立性需要」，不能一味地滿足，容易使孩子任性、執拗；也不能過多限制，造成傷害其自尊心，而變得順從依賴，缺乏主動性。

三、活潑好動的幼兒期

活動範圍的擴大，使幼兒可以接觸到家庭以外的社會生活。成人的勞動活動、人們相互之間的關係，以及人們對各種事物的態度等，都會引起幼兒

的注意、興趣和參與的渴望。遊戲是幼兒最喜歡的活動，曾有人說過：剝奪兒童的遊戲，就等於剝奪了兒童的童年，也剝奪了童年的幸福。因此，要尊重幼兒的意願和興趣，並且觀察、引導幼兒的遊戲活動，使幼兒在遊戲中做一個公正、善良的人，透過遊戲培養幼兒做人的良好品德。

四、金色的童年

從幼兒園進入小學是兒童生活中的一個重大轉變。初入學的兒童，缺乏學校生活的習慣：按時上課、不隨便在課堂上講話、要舉手發言、上學要帶齊學習用品等，在學習上要按時完成作業、認真仔細檢查作業、糾正作業中的錯誤、養成正確的書寫姿勢等。因此，這一時期主要是在培養兒童良好的生活、學習習慣，以及良好的學習態度。培養良好習慣的重點就是要持之以恆，直到建立起良好習慣為止，也為自動自發的學習態度奠定基礎。

五、黃金時期的青少年

從國中到高中畢業，是人生成長歷程的關鍵時期。生理的快速發育給青少年心理發展帶來了全新的影響。成人感的產生、獨立自主需要的建立，使青少年希望擺脫約束，希望和成人平等相處，在行為上表現出自己的成熟、穩重。但由於知識能力的不足，使他們又容易感情用事，自我控制能力低，自我監督能力差。所以，青少年的健康發展需要成人的理解和關懷及教育與輔導。

六、豐富多采多姿的成年期

這是人生各發展階段最長的時期，也是生理、心理都已成熟、事業穩定成功的時期。然而，事業的壓力、工作的緊張、繁重的家務、兒女的未來、規劃退休的晚年生活等，使得成年人難得有輕鬆的機會，也使得成年人生活在多重矛盾之中。因此，成年期要注意身體心理的健康，保持愉快的情緒，

妥善處理好多方面的關係，承擔起傳承的重任。

七、夕陽無限好的老年期

進入老年期之後，由於生理、心理的衰退變化及生活環境的改變，會產生許多的不適應感，而社會的發展進步又使老年人面臨著種種的挑戰。但是老年人是社會的寶貴財富，是社會文化的完全體驗者，具有社會文化的精髓。老年人應抱持積極的態度、樂觀的情緒，使自己的經驗、智慧代代傳承，讓新一代發揚光大。

第三節　個人自我發展的實踐

關於上述人類從出生到老年期發展的討論，對於我們更全面地理解自己有什麼幫助呢？我們可以看到，在成為更加完善的人之持續過程中，有多少輔助的力量幫助我們成為今天的自己；因此，在成長為成人時，可以對自己的過去進行反省。我們可以考慮在不久的將來以及未來的一生中，邁向各種可供自己選擇的道路，人類發展的光輝之一是我們具有抽象思維的能力，因而得以判斷我們自身的發展及目前作出的行為是否適當；我們有改變自己行為的充分可塑性，因為我們會積極尋找為了彌補自身發展的不足所需要的各種知識和技能，而很明顯的，在我們發展成熟過程中的任何挫折，並不會產生終生的失敗。

壹　與他人生活

自我理解是理解他人的第一步。我們對自己了解得愈多，就愈容易改變自己覺得不滿意的地方，也就能減少將自己的不滿歸咎於他人的可能性，例如：一個說謊的人，常常以為他人也在說謊；一個自私的學生，會認為他人

都是自私的，這種行為叫做投射（projection），也就是把自己的缺點、責任，歸咎、推委於他人的作為。投射所發生的負面作用，會使我們不能和諧地和他人一起生活。

理解他人的第二步，就是要認知他人是經過學習而成為今天的他，而他們就像我們會修正自己的行為一樣，也會改變他們的行為。舉例來說，筆者在某所學校擔任心理輔導老師時，一位教師談到了一個男學生的情況——他在班上常常欺侮人，也不服從老師管教。幾天後，筆者詢問教師這位學生過去的經歷，原來，他的父母都不要他，小時候經常哭好幾個小時，甚至撞到頭破血流，可是他父母一點都不在乎。後來經過法院審理，他被送進了一所孤兒院，此後，他再也不懂得什麼是愛與溫柔。他從來不懂什麼是母愛與父愛，他唯一知道的就是搗蛋，但其實他是在祈求著「愛」。問題在於：他能夠真正信任他人、把自己對愛的需要表現出來嗎？筆者告訴這位教師，一旦這位學生知道老師是真正的關心他，他就會改變自己的行為。後來教師對這位學生的態度從憤怒轉變為真誠的理解，他熱心地幫助他而不是懲罰他。不久之後，這個學生真的改變了對老師的態度。

另一個例子：有一個學生非常聰明，但是學校功課卻常常不及格。儘管老師與家長做了很多努力，但沒有人能使他把心思專注於功課之上。這其實根源於他童年的經歷，他的父親是律師，其律師業務並未帶來財富，而其母親幾乎沒受過什麼正規教育，不過卻開辦了一家旅館，賺了很多錢，也受到許多人的尊敬。因此，這學生從小就意識到好的教育並不能帶來事業的成功或是贏得人們的尊敬，他一直以來看到的就是這個現象，因此對於讀書重要性的說教，全部當成耳邊風而已。後來他退了學，在一家雜貨店當搬運工。此個案的關鍵是，童年時的早一步預防勝於後來的十次治療。

理解父母親

　　沒有一個家長是十全十美的，也沒有一個家長可以期望他們的性格和孩子的性格是完全一樣，因此，衝突是難以避免的，但是我們應盡力減少衝突，盡可能增進雙方的理解。父母親如果在孩子年幼時給予關心、愛護和指導，那麼他們到了青春期就會變得更成熟。若是和那些與父母親關係不密切的同學互相比較，與自己的父母親關係相當親近的孩子，往往會更珍重自己，更易於與異性交朋友，對生活也會有更健康的態度。減少青年人與父母親之間衝突的最佳時機，應該是在童年時期。

　　衝突的發生，多半是在「什麼是正當行為」的認知上有所分歧。我們生活在一個迅速變化的世界潮流中，因此對今天的年輕人來說，較為明智的是要記住：他們的世界與上一代的世界是不同的，同時也會與他們的子女生活的世界不一樣。父母與年輕人最好是放鬆情緒、坦然相處，尊重各自意見上的差異；不過，只要年輕人仍然和父母住在一起，他就應該和父母充分交換意見和看法，那麼，當他融入社會時，就能容易地與意見相左的人們相處。此外，將來有一天，家庭中的這種現象還會重現，但卻是角色互換。

　　以下是一個學生寫給父母的長信，筆者曾嘗試將其摘要，但細讀後難以取捨，還是保留全文。它代表了許多學生的意見和看法，文詞之間流露出坦白與真誠，值得為人父母者參考，也提醒我們將來有一天為人父母時該注意的事項。

親愛的爸爸、媽媽：

這封信是寫給全世界所有與《青年權利法案》有關的父母親。我寫這封信是為了使我們兩代人之間能更好地相處，這兩代人既是由親子之情連結在一起，又因為寬容態度的缺乏而被分割了開來。在這裡我想要說的，就是我和兄弟姐妹們向你們要求的，並且我們也將同樣回饋於你們。如果我們能在這些「權利之上建立起牢固的聯繫」，那麼，我就能夠為我未來的孩子做出同樣的努力，這樣一來，有一天這個世界就會變得更美好。

請讓我們感覺到確實是有人愛我們、需要我們的

我們最基本的要求是希望得到愛、同時也愛他人。一個走向成年的青年需要這種愛，需要得到繼續成長的完全認可，也需要得到成年人在生活各個方面的指導，這樣就能得到全面的發展，就會擺脫青年人成長過程中常有的虛幻空想而做出自己正確的抉擇。然而，儘管有這種要求，我卻看到有多少和我同樣年齡的青少年走向了墮落，因為存在於他們和父母親之間的唯一關聯，就是對孩子的愛變成了一種義務。人們往往忘記了一件事：即使是少少的愛，也比世界上任何東西的作用要大得多、持久得多。這種愛來自許多方面，程度各異，並且出自種種原因，但是除非有特殊原因，不應該把這種愛變成僅僅是一種義務而已。

請懷著深摯的愛來嚴格要求和教育我們

對紀律的要求是愛的表現行為，是出於慈愛又非常嚴格。可是在許多情況下，父母對孩子行為的惱怒壓抑了孩子的慾望和進取心，而這樣

做不過是為了你們的紀律要求而已；而正確、有效的紀律約束，必須是出自於你們對我們的關心和愛護，這才是我們理解與需要的。重要的是，應該對為什麼不同意我們做某件事說明道理。如果你們能夠花些時間，向我們解釋：為什麼我們的選擇是錯的，你們就會對由此而產生的結果感到驚訝。孩子的心靈本能地傾向於好學和上進，一個被明確解釋的規則會向他指明，一時未能看清但是能夠接受的東西。有時你們沒能了解我們之所以對你們的意見漠然置之，只是由於我們看不清前進的道路，而又沒有合適的機會來認識這一點。

請不要讓我們覺得低人一等

這一點最重要，因為我們對於在你們嚴密保護下的生活感到了厭倦。世界變得這麼快，我們不可能重複你們做過的一切；你們辛勤工作，是為了使我們有一個更好的家庭環境、受教育機會和生活。那你們為什麼今天又否認這一點呢？「當我在你們這個年齡時……」這種老掉牙的說詞，令人頭痛與討厭。如果你們能給我們機會，那我們就會尊重、讚賞你們。我們會因為你們的信任而受到鼓舞，而你們的寬容同樣會使我們為你們感到驕傲。

請尊重我們的感情和思想

世界上找不到一模一樣的兩個人，因此，讓一個人與另一個人擁有完全一致的想法是根本不可能的事情。作為人，我們有權利、有必要保持自己的想法。我們的思想是在自己的生活環境中，與接觸到的事物和人們的交互作用中累積起來的，而這種生活環境你們不可能與我們完全

相同。正因如此，我們應該得到你們對任何人所表示的那種尊重。要是你們把意見或意志強加於我們身上，這只會有礙於我們的個性發展，我們應該有自己的主張判斷。儘管我們可能會犯錯誤，但如果你們在我們認知有錯誤時，能夠公正地對待我們，我們就會很快了解並接受你們的正確意見，因為，你們已先尊重我們的作為或判斷。

請以對待常人的態度對待我們

我們是正常的人。說實在的，你們的行為在我們眼裡未必是那樣的一貫正確。請記住，我們還年輕，而成年人往往只想把我們推到成熟的境界。我們對於生活中發現的每一個新事物，都要經過審慎的思考，經過多方面的檢視，才能決定接受與否。正因如此，我們會經歷許多崎嶇的道路，或許你們會覺得奇怪，甚至反感，但請幫助我們找到正確的道路，而不要把我們只當作實驗室裡的標本，這樣只會使事情更糟、更難處理。請回想一下，在我們這個年齡時，你們又是如何思考，如何成長的？

請讓我們感到這個家是屬於我們的

我們多麼需要這樣一個地方，在那裡我們可以自由自在，又能夠得到寬容對待。一個家不是公共場所，而應該是一家人可以共同生活、互相幫助的地方。但事實上，我們的家常常成了旅館，五個人擠在一起吃飯睡覺。因此我們中間有多少人走出家門去尋找另一個「家」，以致於來到陌生之處，只為了尋找所需要的「諒解」和「寬容」。

請給予我們在自己的生活裡自由發言的權利

自從我們的生命在母親體內被創造出的那一刻起，我們就成了一個與眾完全不同的人，我們的情感和要求都是獨一無二的。隨著這一個性的發展，我們有了自己生活的決定性因素。儘管我們必須對你們和其他許多人負責，但我們首先應對自己和上帝負責。如果你們肯設身處地想想，我們是多麼希望得到他人的尊重和了解，那你們就會理解我們的想法。不要為我們做什麼，而是與我們一起來做。我們知道自己的能力和願望，我們自己不願意、也不想要在你們面前失敗、丟臉。你們要是一下子就向我們提出過高的要求，那就很容易在雙方之間築起一道牆。你們會發現，只要我們在你們的完全認可之下，可以決定自己的前途的話，我們的表現會更好。或許以後我們會發現你們是對的，但我們還有漫長的道路要走，短暫的時間與我們的未來相比，又算得了什麼。

請允許我們像普通的孩子一樣犯錯

人有時總會犯錯的。我們是你們理想觀念中的小小形象，你們經歷的事情，任何人，包括我們在內都可能遇到。只要你們能理解、寬容我們的過失，我們就會更自在地原諒你們和其他人的過失；但你們如果對我們失望了，我們也會對你們失去信心。寬容，哪怕是最起碼的一點點寬容，都可以勝過一切的教誨。

請和我們站在一起吧

我在這裡提出的各種要求和看法，歸結起來就只有一句話：請您支持我們做的每一件事吧！要是你們能做到這一點，那我們毫無疑問地會成為善良美好的人。青少年失足犯罪，主要在於父母缺乏寬容態度。一

個孩子對父母的需要、依賴，可以從其他人得到彌補，而幼稚的心靈往往很容易接受壞人的欺騙。但只要你們與我們站在同一邊，我們就不會感到有什麼必要向你們表白證實自己，因而我們就會去做自己該做的事。

我以這樣一種方式來寫此信，是想把我自己以及在我的朋友身上發現的思想和感情，戲劇性地表現一下。儘管我向天下父母親們全力推薦這樣一份《青年權利法案》，我覺得也應該有人寫一份給成年人。生活並不是個人單獨的事情，雙方都有可能犯錯。如果我們都不能學會遵循這些交往的準則，那麼，戰爭就會再度發生了。最後，我代表不同年齡的全體孩子，向父母親和未來的父母親進言：請記住，我們的生命是你們給的，是你們愛情的結晶，並不是我們要求得到它的。但是，既然我們已經來到了這一世界，那就讓我們共同努力，創造出一個我們將為之感到欣慰的世界吧！

你們親愛的孩子　敬上

參 生活於社會中

年輕人應該知道，自我一致性和社交關係都是為了高一級的自我實現所必須擁有的。永遠退出社會習俗當然不是維持自我完整性的最好辦法，而失去自我一致性也不是社會化的好辦法。

1971 年，美國國會提議並經批准，通過了《憲法》第 26 條修正案，把公民的選舉年齡降低到十八歲。這實際上是承認，今天的青少年在社會、心理和生理上，比過去任何一代都要提早成熟得多，例如：現代女孩子的月經比一百年前的女孩要提早四年；現代男女青少年的體格更加健壯，而且更為

靈活、敏捷；現代體育的冠軍成績要比數十年前的冠軍高得多；1972 年慕尼黑奧運會上，女子游泳項目的一些決賽選手的成績，比 1936 年奧運會上的男子金牌得主還要好。還有種種跡象顯示，我們的成人社會愈來愈與青年人結合起來了，有愈來愈多青年人被選為或任命擔任公職和社會團體的職務，對青年人要求社會正義和博愛的呼聲，也給予了更多的關注。

　　父母親在撫育子女時，應著眼於他們的未來。基於我們現在觀察到的發展潮流，從自我實現型的人身上揭示之特點來看，應給予兒童最佳的指導，這才能使他們在現在及未來得到幸福的、富於活力的生活。從根本上來說，父母親和照顧者應該幫助兒童去學習創造性的愛和勞動。為了減少發生缺陷現象，保證每個嬰兒順利出世，應向所有的人提供胎兒期護理和遺傳諮詢。在嬰兒出生前及出生後，使其健康發展的關鍵即是相互作用：在受精時，是父母的遺傳因子之相互作用；在孕期時，是遺傳天賦和母親的身體、化學和心理狀態之相互作用；在出生以後，則是環境、遺傳和居於支配地位的自我概念之相互作用。

【生|活|故|事】

週休三日

　　還記得國內推行週休二日的上班制度時，當時許多的專家都幫財團說話，說台灣還沒有準備好接受這樣的工作天數，會降低企業的國際競爭力。經過十多年之後，國內知名的圓神出版集團董事長簡志忠先生，率先決定在 2013 年 3 月份開始實施「週休三日」；其實該集團早就實施週五只上半天班的制度，而簡先生在被問到週休三日的時候，回答說：「就當週五少上半天班，員工幫忙省些電吧！」一個企業的負責人想到的是企業的經營，如何讓企業營利的同時，也讓員工能夠充分享受辛苦做事之後，有多餘的休閒時間與家人、朋友分享生活；而不是與員工斤斤計較上班時間，讓員工除了工作，還是工作；在壓榨腦力之外，也抹煞員工的創造力。

　　週休三日，是圓神出版集團的響亮招牌，代表該集團的成員效率非常好，當他人還在為了書籍暢銷而努力時，圓神的努力已在出版同業之間拔得頭籌。圓神出版集團所出版的《秘密》、《不生病的生活》、《佐賀的超級阿嬤》、《最後的演講》等暢銷書，經常是書籍銷售排行榜的前幾名，能夠做到這點，必定是一個好的經營理念，加上配合度與工作能力好的職員才有可能達到的。

　　說自己不懂管理學的簡先生，除了照顧員工如同自己的家人以外，從來不曾對員工發脾氣，更堅持一個重要原則：讓員工找到工作的價值。而他常常趕員工下班的理由是：又不是論件計酬。週休三日的工作好不好？休無薪假的人一定感觸最深！

堅持自己的價值

　　一個出家弟子跑去請教一位很有智慧的師父，他跟在師父的身邊，天天問同樣的問題：「師父啊，什麼是人生真正的價值？」問得師父煩透了。

有一天，師父從房間拿出一塊石頭，對他說：「你把這塊石頭，拿到市場去賣，但不要真的賣掉，只要有人出價就好了，看看市場的人願意出多少錢買這塊石頭？」

　　這位弟子就帶著石頭到市場，有的人說這塊石頭很大，很好看，就出價兩塊錢；有人說這塊石頭可以做秤砣，出價十塊錢。結果大家七嘴八舌，最高也只出到十塊錢。弟子很開心地回去，告訴師父：「這塊沒用的石頭，還可以賣到十塊錢，真該把它賣了。」

　　師父說：「先不要賣，再把它拿去黃金市場賣賣看，也不要真的賣掉。」

　　弟子就把這石頭拿去黃金市場賣，一開始就有人出價一千塊，第二個人出了一萬塊，最後被出到十萬元。

　　弟子興奮地跑回去，向師父報告這不可思議的結果。

　　師父對他說：「把石頭拿去最貴、最高級的珠寶商場去估價。」

　　到了珠寶商場，第一個人開價就是十萬，但他不賣，於是二十萬，三十萬，一直加到後來對方生氣了，要他自己出價。他對買家說，師父不許他賣，就把石頭帶了回去，對師父說：「這塊石頭居然被出價到數十萬。」

　　師父說：「是！你現在可以了解我不能教你人生價值的原因了！因為你一直在用市場的眼光看待你的人生。所以一個人心中，先有了最好的珠寶商眼光，才可以看到真正的人生價值。」

啟示：我們的價值，不是由外部的評價所決定的，它由我們內心的想法決定。也就是說，它只與我們自己對生命價值的要求有關。所以，我們每個人的價值都是絕對的，它由我們創造。也許我們唯一要做的就是堅持自己崇高的價值，接納自己、磨礪自己。如果給自己成長的空間，我們每個人都能成為無價之寶。一塊不起眼的石頭，由於你的珍惜、惜售而提升了它的價值，被說成是稀世珍寶，你不就像這石頭一樣嗎？只要自己看重自己、自我珍惜，生命就有意義、就有價值。所以，生命中的每個挫折、每個傷痛、每個打擊，自有它的意義，具有賦予生命價值的意義。

思考問題

1. 請說明人類發展的環境決定因素為何？

2. 人類發展的自我概念因素是什麼？

3. 遺傳決定因素如何影響人類發展？

4. 人類的「成長中的變化」有哪些？

5. 請試述人類階段性發展。

6. 請說明人類的「發展階段特徵」。

7. 請說明與他人生活的重點。

8. 請說明如何理解父母親。

9. 請說明如何生活於社會中。

10. 對於內文中的長信，請問有何感想或是不同意見？

第五章

塑造個人形象的無形力量：
人格的發展

「人格」是我們經常在使用的字彙，但又常常無法完全理解其確切涵義。甚至那些試圖給它下定義的心理學家們，也像瞎子摸象一樣，往往局限在片面之詞。當然，我們都想了解其意義，都盡力想理解自己的人格和他人的人格。以下討論三項內容，包括：人格的意義、人格的重要性，以及人格的形成。

壹　人格的意義

人格（personality）是指，影響人的行為、思維和感覺的特定方式之內部各種因素的總和。對大多數人來說，「人格」一詞的涵義表現在如下的對話裡：「他很有個性！」、「她很漂亮，但是沒有個性。」我們經常透過外表、說話方式和行為模式來判斷他人的人格，相同的，他人也會用同樣的方法來評斷我們的人格。

一、成見效應

他人一旦認定了我們的人格，往往就會根據這種判斷來對待我們。這種

判斷常常是基於第一次的印象，即使當這種印象是錯誤的，或者對方的行為已經發生巨大改變之後，這種判斷也不容易改變。這種僅僅建立在第一次印象的對他人不變之看法，被稱作「成見效應」，例如：有時候我們對他人說了一句不得體的話，而得罪了他人，以後不論自己如何努力彌補這個錯誤，也很難改變對方對自己印象的成見。

二、人格判斷

我們常根據自己對他人的人格判斷來決定對他人的遠近親疏。受歡迎的學生通常是被認為有好的人格表現之學生；僱主對僱員的雇用和升遷，往往取決於僱員的人格，而不是取決於其對業務的了解；人們相愛而結婚常常是因為他們相信雙方的人格相近，喜歡相似的活動，具有相似的價值觀。上述這種種的判斷，不管是對任何人，也不管正確與否，都可能產生深遠且長久的影響。因此，當我們遇見「人格」這個神秘的領域時，必須小心謹慎。

貳 人格的重要性

我們的日常生活與人格到底有什麼關係？假如我們向不同職業、不同年齡的人詢問他們最關切的個人問題是什麼，許多人會回答說：理解自己的丈夫或妻子、理解自己的父母、理解自己的同伴、理解自己的男友或女友、理解某一群人等，或者是，理解另一個民族或文化團體。

一、角色性

大部分人看到的只是自己周圍的個人之真實人格中很小的一部分，我們只看到他們所扮演的角色：父母、兒女、工程師或司機等。換言之，我們所看到的表面行為可能並不代表一個人的人格之主要內涵。

在合夥經營公司或戀愛、婚姻、朋友關係中，之所以會出現人際關係的問題，主要原因是由於人格判斷的失誤。我們希望透過對有關人格的心理學

研究和理論之了解，能夠更好地理解自己和他人的人格。

二、目的性

　　人格描述的充分與否取決於它的目的。在兩位相識的人之間的隨意談話中，一句：「她對人友好，又肯幫助人，大家都很喜歡她。」對第三者的描述就足夠了。另一方面，對用人單位來說，描述一位可能被聘用的人員必須詳盡一些，例如：「某某小姐作為經理人員，是既可靠又幹練，她以前的僱主對她的評價極佳，她計畫和主持大公司工作進度的能力已得到證明；在她的督促下，全體職員的工作士氣一直是極好的。」此外，精神病院對人格描述的要求則十分嚴格，必須求助於臨床心理學家的幫助。

　　在判斷他人行為時必須十分謹慎，而為評估他人人格所花費的時間和努力的大小，取決於這種評估的重要程度。認識一個人和理解一個人之間差距甚大，認識可以來自於觀察和報告，而理解卻必須建立在對他人行為的意義之發現，以及正確評價的基礎上。

參 人格的形成

　　人格形成的決定因素分成兩大類：遺傳因素和環境因素。人在出生時，就被賦予了作為今後生理與心理發展的潛在基礎之複雜基因。遺傳基因可能成為今後發展的基礎，但是，一個人的潛力是否能得到實現，還要看其所處的社會環境如何才能決定。

一、遺傳因素

　　已有證據證明，在貧苦環境中長大的兒童，一般說來，仕語言和智力發展上有所不足，性格也有缺陷，可能表現為情緒反應能力和交際能力方面較差。然而，在這種環境中長大的兒童，並不都是同樣地具有這些缺陷。在不同環境中長大的雙胞胎，其在智力測驗上的成績，比在不同環境中長大的無

任何血親關係之兒童顯出更多的一致性。孿生子在智力上的相似性，被解釋為是由於他們具有相似的遺傳基因。不過，有許多證據顯示，兒童的智力是受到環境條件的影響。

遺傳基因訊息不是固定不變的，就好比用不褪色墨水寫下的字跡那樣，事實上是能被改變或消除的。各個基因往往以不同的方式，在不同的程度上共同地發生作用，就如同棒球隊的整體成績是各個球員作用的總和一樣。甚至像眼睛顏色的特徵，雖然主要是由某個基因所決定，但也受到幾個基因的相互作用之影響。人的基因遺傳的最大作用是決定一個人的體質和生理特徵，包括：體形、身高等；決定人的內分泌腺功能，包括：能量、每分鐘心跳次數、汗分泌等。但基因遺傳對人的思維、情感和行動的作用卻最小。

二、環境因素

社會心理學家和學習心理學家都強調：物質環境對人格發展會產生最重要的影響。他們認為，人格的基礎是存在於人與人之間的各種不同之密切相互作用。行為發生於社會和物質的環境中，我們的發展方式、目標、價值觀與自我概念，全部根植於我們的家庭和社會關係之中。事實上，我們人格的一部分是我們自己和其他社會成員所共有的；這共有的人格部分，被稱為「社會性人格」。在變化快速的世界中，行為形成環境中的生存條件，對一個人從出生到老年的人格發展有巨大影響。

人，學會扮演社會角色的過程被稱為「社會化過程」。雖然「人格化過程」這個術語也許更合適，但「社會角色」是指，一系列先天或習得的互相聯繫之基本行為和態度，是用來描述人們處於一定的範疇、年齡和情境中被期待表現出來的行為。這樣一來，只要一個人學到某一特定社會的種種行為方式，並能在其中發揮作用，他似乎就被認為社會化了。筆者認為，僅僅透過「調整」去適應社會規範是不夠的，在某些情況下甚至是不可取的。一個具有更充分人性的人不是必須完全接受社會上所有價值觀的人；而適應社會不公正的規範，例如：種族歧視和服從在第二次世界大戰時期，納粹德國的

邪惡多數等，都不是具有充分人性的行為。

　　不同的學者都試圖選擇和評估他們自己認為最重要的性格因素。人格描述的深度和廣度取決於這種描述的目的；這種目的可能是出於對朋友的好奇、招聘僱員時的人事手續，或者是精神病院因診斷或治療需要而做的詳盡描述。

第二節　人格的發展

　　由於傳統的教育方式無法充分地開發人的潛能，語言已經不能代表教育的所有內容，目前，世界各國愈來愈重視人的素質教育。實際上，是將對人的培養，由單純注重顯能培養，轉移到顯能和潛能的整體培養上。自從馮特（Wilhelm Wundt）開啟了現代心理學的先河之後，各種心理學產生許多流派，而人格心理學是其中之一，它是在心理科學的框架內探討和理解人的行為，闡明人的本性之心理學分支。

壹　人格與個性

　　最廣義的人格概念之外延比個性概念的外延大，既包括心理方面的特質，也包括身體方面的特質，而個性主要是指心理方面的特質。廣義的人格和個性同義，主要都是指人的心理面貌。一般認為，當代的人格心理學是在美國心理學家奧爾波特（Gordon W. Allport）的知名著作《人格：心理學的解釋》（*Personality: A Psychological Interpretation*）之影響下發展起來的。西方的人格理論形形色色，眾說不一，最重要也是影響最大的是佛洛伊德（Sigmund Freud）的精神分析、華生（John B. Waston）的行為主義，以及馬斯洛（Abraham H. Maslow）、羅傑斯（Carl Rogers）的人本主義心理學。

　　佛洛伊德的精神分析是人格理論中內容最完整的。他重視潛意識的研

究，重視早期經驗在人格發展中的作用，不僅擴大了人格心理學研究的範疇，也對我們進一步研究個人行為的深層心理提供了條件。但他過分強調潛意識和性本能在人格發展中的作用，忽視了社會環境對人格發展的影響，而遭到許多學者的批評。

行為主義心理學的研究是建立在對動物行為的研究基礎之上。行為是由內在和外在刺激所引起的，華生主張用客觀的方法來研究人和動物的行為，推動了心理科學的研究，對清除傳統心理學中的主觀性、神秘性等唯心主義因素產生積極作用。但它的機械唯物主義之哲學觀點，使其研究對象僅僅局限在反應行為上；他們把意識拋棄在心理學研究對象之外，這就不可避免地要被其他心理學派所批評與替代。

人本主義心理學是1950年代和1960年代在美國興起的一種心理學理論，近年來又迅速的發展，因為其強調人的本性及其主觀經驗的重要性，故稱人本主義。馬斯洛被公認為人本主義心理學的創始人之一，他認為心理學的研究對象應該是健康的人，並指出人類具有共同的價值觀和道德標準，它是人類的內在本性。馬斯洛第一次把自我實現的人和人類潛力的概念引入心理學範疇，認為自我實現的人是人類中的最好典範，是不斷發展的一小部分，他們精神健全，能充分開拓並運用自己的天賦、能力、潛力，他們也有本能需要，但他們在充分享受這些需要的同時，並沒有成為這些需要的俘虜。

這些需要最基本的是生理需要，安全需要是指避免危險和獲得生活保障，包括：要求安全、穩定和受保護等，減少生活中的不確定性，例如：兒童需要各種生活規範，否則就會顯現出焦慮的情緒和行為。父母爭吵、離婚、意外事件的發生，都會給兒童帶來不安，而影響他們的健康成長。當生理需要和安全需要基本上被滿足後，個人就會受到歸屬和愛的需要所支配，包括接受和給予愛，如果不能被滿足，就會感到孤獨和空虛。尊重需要包括自尊和來自他人的尊重，即自信、自重、被他人尊重、工作成就、得到他人和社會的高度評價等，如果不能被滿足，就會產生自卑感。

在上述各種需要都得到滿足後，人便會有自我實現的需要。它是指個人

特有的潛在能力之發揮，以及創造力的發揮。他認為，一個各種需要都能得到滿足的人，將會有最旺盛的創造力。

貳 先天與後天發展

馬斯洛強調，潛能是比較微弱的先天因素，在後天才能夠發展和實現。潛能是主導因素，而環境則是限制或促進潛能發展的條件，環境的作用在於容許或幫助人類實現自己的潛能。馬斯洛在晚年提出了通向自我實現的八條途徑，包括：充分體會生活、迎向成長的選擇、讓天性發揮、誠實不隱瞞、要有勇氣做與眾不同的事、竭盡自己的所能、設定適宜的目標而讓自己有機會體會生命的高峰，以及放棄自我防禦並勇於發展自己的潛能。

人本主義心理學從尊重人、相信人的巨大潛力之基本態度出發，重視研究健康人的發展以及人性的自我實現，此受到西方心理學界的重視，而產生日益廣泛的影響。但他們對人的本質之看法不全面，甚至是不正確的，其強調自由選擇、自我設計，忽視了心理與行為的社會制約性。人人都有潛能，而開發潛能從根本上來說，就是尊重人的正常需要並給予滿足，讓每個人的潛力得到充分的發揮，這是當今社會對我們的要求，也是自我發展的重要內容。但問題是：(1)人一生的創造力有多大？(2)人的創造力又是如何被毀滅的？

有一位教育學專家曾說過：在今天東方的社會裡，坐著的是學生，站著的是老師。而在精神上，這種局面恰恰是顛倒的，站著的老師占據著至尊之位，而坐著的學生之軀體內，卻掩藏著一個戰戰兢兢地站著、甚至跪著的靈魂。東方傳統的教育模式，基本上是專制的，學制、教育計畫、考試制度、教材，以致於教學方法，基本上都是被規定的；學校和教師的作用，就是按照這一套基本模式向學生施教，學生則被調教成被動吸收知識的機器。在這種教育模式下，尤其是缺乏主體意識的教師，往往無視於學生的人格，不惜扼殺學生的思考力與想像力，而將學生納入單純的會考試的機器，不惜占有

學生自由發展與休息的時間，盡量出功課和作業，以確保學生的考試成績不落在他人之後，甚至不恰當的體罰學生。

對這樣的學校、這樣的教師，我們哪裡還敢奢望他們對學生進行人格教育呢？他們如何能因材施教，培養出富有創新意識的學生呢？當今世界上很多國家都紛紛提倡開發青少年創造力為核心的人格教育，全力培養有個性、有獨立思考精神、敢於標新立異的人才。這就必須要求我們走出傳統教育的謬誤，重新認識人的創造潛能之開發環境和動力。

我們接受的第一個文化環境是家庭，母親常常是第一個老師。家庭文化的優劣對人的影響很大，可以塑造並影響人的一生之文化性格。每一位家長都希望兒女有好的將來，所以，父母能夠給予子女的真正幫助，應該是在日常的教育中，關注孩子素質的培養和能力的提高；良好的個人素質與能力才是父母給孩子的最好禮物，這個禮物能夠陪伴孩子的一生，有了好的素質與能力，孩子就能夠坦然面對和處理未來的任何困難和挫折。

愛，可以從母親身上學來，母親是最好的老師。假如一個嬰兒出生在一個愛的家庭，當他半夜三點醒來，並且開始哭啼時，他的母親會趕快把他抱起來，他便可以安心地躺在媽媽的懷抱裡睡著。這樣的情形如果反覆發生，那麼這個孩子就會從小學到：當自己有需要時，就會有人注意並幫助他，那麼在他長大以後，就可以成為一個心理發育良好的人，懂得關愛自己，同時也懂得關愛他人。

但如果反過來，這個嬰兒出生在一個冷漠的家庭，當他半夜三點醒來並開始哭啼時，他的母親卻不理他，等他哭很久後才粗暴地抱起他。母親的冷漠和僵硬的懷抱會使幾個月大的嬰兒產生心理挫折，雖然他的心理發育才剛剛萌芽，久而久之，他就會學會：沒有人會真正關心自己。那麼在他長大以後，就會出現種種心理問題，例如：退縮、孤獨、乖僻、攻擊等。當我們研究過許許多多成功者的成長背景時，發現大多數成功者都曾獲得母親的關懷。

自我的實現

馬斯洛認為，人人都有一種成為自我實現者的先天性追求或傾向，但並非人人都能成功。人的創造潛能之開發取決於人的基本需要是否獲得滿足，特別是尊重、關懷和愛的需要之滿足。假如父母用愛和尊重來對待其孩子，那麼儘管他們可能會犯錯誤，但他們的孩子仍然很有機會獲得成功。

一、成功心理

對於多數的兒童而言，需要在早年生活中就體驗到成功，這有助於兒童自信心的建立，這也是他們創新與創造的動力。那些只體驗過失敗的兒童很容易就放棄努力，而形成自卑感，失去創造的動力。所以，在童年教育中，保護兒童的慾望、鼓勵兒童的好奇心極為重要，因為這是一生的驅動力。愛迪生（Thomas Alva Edison）在童年時曾做過一件荒唐的事，他每天抱著一顆雞蛋，並且模仿母雞孵小雞的行為；儘管他的這種作法無法孵出小雞，但他的這種精神卻比黃金還貴重，也因為這種精神而造就了一個偉大的發明家。

事實上，人人都能成功，關鍵在於培養孩子的成功經驗與心理。父母不應該說孩子不能夠做某事，而應該說孩子會做很多事，不要太早給剛剛起步的孩子下定論，要把每個孩子都當成天才來看待、來培養。自尊心的保護和培養是童年教育的主題，因為這可以讓兒童珍惜自己的價值。

二、學習與創新

東方人和西方人的教育目標有很大的差別。東方人在讚揚孩子時，一般會說：這個孩子真聰明，而西方人則會說：這個孩子有創新的動機。兩句話中的區別，反映了兩種不同的教育目的：東方人的教育是理解和記憶，而西方人的教育目的則是創造。

真正的價值是由創造產生的。學習的目的是為了創造，絕不是為了增加

記憶負擔，尤其是現今電腦及智慧型手機能夠記憶的量是如此之大。現代教育普遍的問題在於將孩子的大腦視作是一個容器，而沒有視作是一部發電機；容器只能儲存物品，而只要提供動能，發電機就能「創造」電力。知識豐富的人未必具有創造力，東方的教育學家曾倡導過六項解放：解放孩子的腦，使他能想；解放孩子的手，使他能做；解放孩子的眼，使他能看；解放孩子的嘴，使他能談；解放孩子的空間，使他能到大自然、大社會中去獲取豐富的學問；解放孩子的時間，使他能發揮創造力。

　　學問與智力的成就，比較依賴個人的正確學習。在孩子的成長過程中，最重要的是教導孩子怎樣做人，這比教導孩子多認識幾個字、多做幾道數學題目，更為重要。孩子有了堅忍不拔的毅力、吃苦耐勞的精神、謙虛好學的素質，就有了取之不盡、用之不竭的精神食糧。創造精神是孩子最寶貴的終身財富，但我們的教育方法常常會壓抑孩子的創造力。我們總是把已知的學問灌輸給孩子，也不提供機會讓孩子去思考，更沒有留意在孩子的提問中是否帶有創造性的突破，而那可能是我們終身追尋都不會得到的東西。

　　當我們看到許許多多資質很好的孩子，逐漸變得不愛學習、不負責任、缺乏自信心和進取心，甚至患有心理疾患時，我們應該冷靜地思考：在孩子的生活環境和生活歷程中，到底什麼地方出了錯？我們應該找出不適當的環境因素，應該為孩子營造適應社會發展和變革的條件與環境。我們必須認知到：在我們熱衷於以自己的判斷代替孩子的判斷之同時，我們自己的觀念以及我們所採取的方法是否早就已經過時了？我們若對孩子管教過度，不但會剝奪了他們自我學習的機會，更會削弱他們適應社會的能力。

三、生活環境學習

　　我們常忽略讓孩子們從生活中學習、從環境中學習，而青少年的天性是需要從身邊的事物中學習，以調整自己的行為、交流感情，形成樂觀、積極、主動的人格和進取精神。任何強制性的學習壓力都不能做到這一點，只有生活本身才能夠教育孩子。

我們應該強調課餘活動的不可替代作用。對青少年而言，所有創造性思考的培育都需要書本知識以外的投入，這需要發自內心的興趣和努力不懈的追求，就像少年愛因斯坦（Albert Einstein）一樣，需要獨立思考，需要課外讀物和課外活動為中心的知識之灌溉，直到它發芽與茁壯。我們常給孩子留下太小的思維空間和活動空間，而占據孩子的自由空間就等於排擠了下一代的創造性，也扼殺了人類最有意義的精神活動。

四、學生的內心話

以下讓我們聽聽一位高中生的內心話吧！

只剩兩個月就要考試了，老師和同學們都非常緊張。同學們拚命，老師也不把我們當人，每天宣布的作業多得可怕。就以今天來說，英語、物理和化學都給了一大堆作業，數學也有十多道非常複雜的計算題，另外，還要寫兩篇作文。這麼多的作業，堆起來像一座小山，而且要求明天早上就要繳交。我今天無論如何也做不完。

我們每天除了正常的課程外，晚上補習，補習過後還有自習，一共加起來差不多十一節課，再加上晨讀時間，就是十二節課了。有的同學為了完成作業，開夜車到深夜。我很擔心，照這樣下去，我們的身體不知道會變成什麼樣子。我每天早上六點起床，晚上幾乎都在十二點以後才能睡覺。白天上課一點精神都沒有，像個重症病人，根本沒有少年活潑的朝氣。我忘了「少年不識愁滋味」這句話是哪位名人說的？但我對這句話產生嚴重懷疑，因為我現在就很苦惱。

心理學研究顯示，當孩子受到的壓力超過他們的承受力時，會導致孩子形成恐懼心理，他們往往會變得缺乏自信，對什麼事都不感興趣，有時甚至對生活也會失去信心。

我們透過增加知識灌輸量，並強化以分數為根據的競爭機制，表面上，

學生學到很多東西，但因此壓抑了社會發展的基本要求、創造性和多樣化。這使我們的孩子不堪負荷，並破壞了多數孩子的自信和學習樂趣。我們已經認識到教育制度的弊病，但我們同樣需要理解，教育制度弊病的深層根源在於社會的觀念，它並不能靠行政命令和條例規定的改革而得以解決，而只能靠社會的創造性思維和活動去探索通向未來之路。

第三節　展現人格特質

關於展現人格特質的議題，我們經常會問的問題是：(1)我的真實面目是什麼？(2)在我的外表背後，我的能力、才能和力量如何？但是，教育工作者似乎把解決方法都包括到課程中，卻偏偏遺漏了對人本身的理解這門課程。心理學家們透過測試、問卷與交談來評估人格，然而，我們大多數人無法進行這種人格評估，我們必須依靠其他方法來評價自己。

壹　改善自己

我們所有的人都依據自己行為的成敗，在不斷地評估和修正自己的行為。我們能夠以自己的知覺、概念和態度為題目寫出長篇大論，我們也對自己的自我力量、超我力量和自我活力也有所了解，但使我們傷腦筋的可能是：這種自我評鑑的精確程度到底如何？重點是：我們是否能夠自我實現？我們是否過高地估計了自己的能力？

對上述這些問題的回答，可以在我們將來的人際關係中，以及在為達到我們的目標而必須完成的任務中找到。關鍵是自我評鑑將有助於我們在未來把工作做得更好，而且，當某人感受自己的所有方式都被接納進入有條理、有意識的自我概念中時，他就會感到自在，感到已擺脫在心理調整時所經歷的緊張感覺。換句話說，這種自我剖析的過程，使人有可能把所有對自己的

了解綜合起來。當一個人對自己有如此的了解時，他就不大可能再犯錯誤，或者去擔當自己無法勝任的工作。

我們對自己的看法，不管是錯還是對，都是自己過去經歷的總結；我們可能變成怎麼樣，將取決於自己的經歷。積極型的人，總是處於建立一個更富活力、更使人振奮和更深刻的人格過程中。請記住：我們是自己人格的設計師，許多不同的經歷就是構築自己人格的材料，當我們愈深入周圍的世界，接受它所提出的挑戰就愈多，也就有更多機會來檢驗自己對自己的看法，以及建構自己的人格。

與他人生活

上述關於人格的討論至少已稍微改變了我們對他人的看法，也對為什麼兩個人，即使是同卵孿生子的人格，也絕不可能相同的這個事實有了更好的理解。但如何才能更好地理解他人的人格呢？當我們開始認識到，我們大家是如何形成自己獨特的人格時，這個任務的一部分就已經完成了。然而，有某些方法，其中一些仍是具有探索性的，似乎有助於我們變得對他人更敏感。

一、敏感性訓練

敏感性訓練（sensitivity training）是幫助人們變得更體諒他人的一個方法，其本質上是包括一組人，在一定時間內，用不同方式互相作用。首先，他們透過互相觸摸身體的方式而不進行任何言語交流，在身體的基礎上純粹互相作用；或者是，他們可能透過公開地交談，告訴對方自己的感受。雖然這些方法仍然具有極大的探索性，但似乎有助於人們能更好地在一起工作，特別是在企業和教育機構裡。當我們能夠相互理解時，我們也就能學會如何一起生活。

二、自我揭發與角色扮演

自我揭發與角色扮演是另一個有助於發展更健全人格，也有助於我們更有效地理解他人的方法。其方法是把自己的情緒盡情地表達出來，而不掩飾自己的感覺和態度；愈坦率、自我揭發愈徹底的人，成為自我實現者的可能性也就愈大。幫助理解他人人格的另一方法是經由角色扮演，自己可以扮演另一個人的角色，包括：教師、丈夫、妻子、母親、父親或孩子等，設法從這個角色的眼光來看所處的社會與環境。

三、使用大腦的兩半球

研究證實，大腦兩半球的心理功能有顯著差異，而我們卻沒有能充分運用左右腦。大腦左半球控制分析和邏輯思維，一直受到人們的重視，然而，掌管我們的非意識、最富創造性思維之大腦右半球，相對來說卻受到了忽視。超個人心理學正把注意力集中在受大腦右半球影響的思想和行動上。然而，最新的研究指出，要達到個人潛力的最高水準，只有把大腦兩半球功能的綜合發揮；另外，也有研究必須是要把腦右半球的創造性才能，和腦左半球的解決問題之技巧加以結合起來，創造性才能加強了對新步驟、新領域的探索，這也許是有些科系的入學考試，會把測試創造性思維也作為內容之一的理由。

四、更好地理解自己的家庭成員

如何才能理解自己家庭內的人格模式呢？我們也許對家人的人格模式有相當的了解，也想擴大這種了解，並做更有效的交流。問題包括：

1. 我們什麼時候有機會觀察家庭成員處於不同的社會角色？
2. 我們是否見過父親在工作中扮演的僱員角色？
3. 我們是否見過母親扮演過除了母親的其他角色？

理解他人人格的一個方法，就是去觀察他們扮演不同的且必須扮演的角

色，包括：學生、僱員、男朋友或女朋友、社團成員等。有時候，一起工作和遊戲的家庭成員之間，就有了相互影響的機會，作為團體中的一位成員，為了完成某一家庭計畫，常常就會有一個自由表達個人感受的機會。

參 在社會生活中

在社會中生活是指，我們有需要和處於其他文化群體和其他機構，例如：學校、社區、工作場所、政府機構中的人們一起生活。在某種意義上來說，社會的每一部分往往都有其鮮明的人格特徵，也就是說，都有其特定方式來行事處世、接受合人心意的行為，或是拒絕並排斥違反既定法則的那些人。取得集團成員的資格，就意味著一個人願意接受某些行為與思維方式。若有人想改變自己所處的社會群體之某些特徵，那他就必須遵循能引起這些變化的既定步驟。

一、生活於一個較小的世界裡

我們能預料到來自世界其他地區的人們，其行為與我們不同，不過，這些不同並不是那麼重要。如果我們想理解他人，我們絕不可過分看重類似飲食習慣和談話方式這樣的表面特徵，例如：原住民原本穿著其族人的傳統服裝，不過，只要讓其換上筆挺的西裝、配上領帶，再穿上閃亮的皮鞋，結果我們就看到了一個標準的上班族。

換言之，表面行為僅僅是滿足人所共有的基本需要之不同方式，我們應該預料到，來自不同文化背景的人對完全相同的情境反應不同。如果我們希望在與不同背景的人一起生活時，不致引起「文化衝擊」的不安感覺，我們就應該研究作為他們行為基礎的經歷，也就是他們的歷史和他們當前的文化。他人的內心體驗不可能被直接觀察到，除非我們已經和他們一起生活，並且有共同的經歷。

二、生活在學校或工作中

能夠與他人友好相處，是在一個變動的多元文化社會中有效地生活的一個必要條件。生活在這樣的社會中，之所以能夠產生好的情緒，部分原因是由於在這個社會中存在著極其豐富與多樣的態度和行為。有心理學家在哈佛大學進行的研究指出：智力充分發展的一個必要經歷，是在學校中能接觸一個多元的學生群。實際情況是一個多文化、多種族的社會能提供一個多重參照系統，而這種參照系統對充分地探索認知發展的各種樣式和階段是必要的。身處多元的學生族群，有利於複雜多樣的智能發展，間接的也有利於提高道德推理和道德行為。

人格是對人的行為、思維和感覺的特定方式，所產生影響的諸因素之研究。不同的理論選擇都在測定各自認為主要的人格因素，例如：自我概念人格論、精神分析人格論、人格特性方法，以及超個人人格方法等，都是具有代表性的人格研究理論和方法。有些人表現出控制其行為的人格模式，這些人格模式，包括：權威型、內省型、傳統型、他向型，以及道德發展。有關人格的一些綜合性原則似乎得到絕大多數心理學家的支持，雖然他們的理論各不相同。這些原則是：

1. 人格的核心在人生早期即已形成。
2. 人格模式有可能改變，我們的社會對人格形成的產生有直接的重要影響。
3. 人格在很大程度上是人們在家中與父母和兄弟姐妹相處經歷的結果。

【生｜活｜故｜事】

尊嚴

　　布朗的母親在他七歲那年去世，繼母來到他家的那一年，布朗已經十一歲了。

　　剛開始，布朗不喜歡她，大概有兩年的時間沒有叫她媽媽，為此，父親還打過他。但愈是這樣，布朗愈是在情感中有一種很強烈的反抗情緒。然而，布朗第一次喊她媽媽時，卻是在他第一次也是唯一一次被她懲罰的時候。

　　有一天中午，布朗偷摘他人院子裡的葡萄時，被主人給逮住了，主人的外號叫「大鬍子」，布朗平時就特別怕他，如今在他的眼前犯了錯，他嚇得渾身發抖。

　　大鬍子說：「今天我不打你也不罵你，你給我跪在這裡，一直跪到你父母來帶你回家。」

　　迫於對方的威嚇，布朗不甘願地跪了下來。但這一幕，恰巧被他的繼母看見。她衝上前將布朗拉了起來，然後對大鬍子大叫說：「你太過分了！」

　　繼母平時是一個不多話、內向性格的人，突然如此震怒，讓大鬍子不知所措。布朗也是第一次看到繼母性情的另外一面。

　　回家後，繼母用藤條狠狠地抽打了兩下布朗的屁股，邊打邊說：「你偷摘葡萄我不會打你，哪有小孩不淘氣的！但是，他人要你跪下，你就真的跪下？你不覺得這樣有失人格嗎？不顧自己人格的尊嚴，將來怎麼做人？將來怎麼成事？」繼母說到這裡，突然哭了起來。布朗儘管只有十三歲，但繼母的話在他的心中還是引起了震撼。他抱住了繼母並哭喊道：「媽，我以後不敢了。」

啟示：繼母教會了布朗人生中的重要一課：人活著就要有尊嚴。繼母因
　　　為懂得這一點，所以從沒有勉強布朗叫她母親，當然她同樣也不
　　　允許他人侮辱布朗。的確，人都會犯錯，有時會犯很嚴重的錯
　　　誤。可是，這並不意味著他要被剝奪改過自新的權力或者做人的
　　　尊嚴。一個人若能體會到這一點，對他人的要求也許就不會過於
　　　苛刻。而對個人本身而言，自尊使他對自己有了更高的要求，不
　　　再隨波逐流，他就能夠追求、創造崇高偉大的人生。

思考問題

1. 何謂人格（personality）？請試述其定義。

2. 人格的形成牽涉到兩個重要的決定因素，請說明之。

3. 請說明人格與個性的關係。

4. 馬斯洛在晚年提出了通向自我實現的八條途徑，請說明之。

5. 請說明東方人和西方人的教育目標之差別。

6. 為什麼自我評鑑將有助於我們在未來把工作做得更好？

7. 與他人生活的訓練方式，其中的「敏感性訓練」如何實施？

8. 與他人生活的訓練方式，其中的「自我揭發與角色扮演」有何重點？

第六章

進行推測外界的判斷歷程：
認知的發展

第 一 節　　認 知 的 重 要 性

　　認知是試圖理解所有正在發生的變化之努力，學習使我們能分類、儲存與理解訊息，思維則使我們能利用訊息來解決問題，例如：在我們能解析一道數學題目以前，我們必須先學習數字、符號與定理的意義，而為了學習這些意義，我們必須先能夠精確地理解與思維這許多符號與定理。認知似乎是一個只需要聽、看、摸、嚐、嗅的簡單過程，然而，筆者在此將試圖說明：認知是一個高度個性化的過程，是牽涉到我們的以往經歷、動機、情緒和其他有意識或無意識之過程。

壹　認知的意義

　　認知（cognition）有廣義與狹義兩種涵義。廣義的認知與認識是同一個概念，是人腦反映客觀事物的特性與關聯，並揭露事物對人的意義與作用之心理活動。現代認知心理學強調認知的結構意義，認為認知係以個人已有的知識結構來接納新知識，新知識為舊知識結構所吸收，舊知識結構又從中得到改造與發展。狹義的認知是指記憶過程中的一個環節，又稱為「再認」，是指過去感知過的事物在當前重新出現時仍能認識，例如：認出過去見過的

人、記憶過的外國語言單字，或認出曾經走過的地方等。認知與回憶不同，回憶是過去感知過的事物不在眼前，而能在頭腦中重現出來；認知則是過去感知過的事物重新出現後，仍然能再度認出來。

一般來說，認知要比回憶容易一些，認知過程的速度和準確性與主客觀的條件有關，例如：對熟悉的事物容易正確而迅速地認知。認知的難易也與過去感知過的事物在當前呈現的環境有關，一個不很熟悉的人在特定環境中認識，而在另一個新環境中就不容易認出。

貳 認知的反應

人的認知與人類最重大的一些問題直接有關，更明確地說，它和我們的許多個人問題有關。以下舉一個筆者曾經輔導過的具體例子：

某個女學生正在考慮離家出走，因為她覺得父母親不近情理。平日，他們不讓她與男朋友約會，週五或週六去約會時，半夜以前一定得回家。回到家，父母就開始詢問她。有一次，當她拒絕說出詳情時，父親罵她不要臉，而母親更是不斷追問：「有沒有和男朋友親熱？」從女兒的觀點來看，其父母的行為是完全不必要、不公正的，特別是因為她與男朋友還談不上親密，她倆都認為應把性關係保留到結婚以後。然而，筆者向她提出勸說，如果她能理解父母如何看這件事，以及為什麼這樣看，那將會是有益的。

筆者此時問她，是否知道其父母年輕時的戀愛經歷？她當然不知道，於是就建議她是否找個時間與父親或母親討論一下這個經歷。幾天以後，她興奮地跑來對筆者說，已跟父母談過了，發現他們當時都有約會的完全自由，事實上，他們的父母似乎從不為他們擔心；她父親還告訴她，他年輕時參加過一些很自由開放的晚會。談話結束時，父母親對她說：「我們知道，青年人被放任不管時會做些什麼，但我們不想讓那些事發生在妳身上！」

這個女學生非常高興，因為她已經知道父母不信任自己的原因，在某種意義上，他們在她和她男友的身上看到了自己的過去。儘管沒有解決眼前的

問題，但是她現在能容忍父母在這個問題的執著了。她知道他們並不想對她苛求，她了解他們是用他們自己的經歷所造成的罪惡感來看待這個問題。

因此，筆者希望讀者能更清楚地了解，「認知」在我們的理解發展中，是最重要的一部分，且可以從以下四個方向來理解：

1. 希望能夠看到更多的現實世界，特別是更接近地觀察自己的同伴。
2. 為什麼要用自己的方式來認知世界。
3. 他人可能用與自己不同的方式來觀察世界。
4. 幫助自己改進對外部世界的知覺，並用更現實的方式來觀察它。

參 認知的創造性

如同一幅畫面的外部世界，每個人在其中看到的都是不同的。從這個角度來看，認知是我們最富創造性的活動。根據社會心理學家的看法：不同的人對同一情景的反應會有所不同！創新可以說是人的神經系統之內在特徵，因此，我們每個人都是創新者。所以，我們無可避免地必然具有創造性。數學裡的法則是為我們而創立的，但是在認知中，我們常常自由地創造我們自己的「法則」，進而也創造出反映外部世界的圖像。以下是兩個例子。

我們可以在某天早晨上課時，在沒有事先通知的情況下，就讓全班學生起身到校園內外裡去走一圈，在整個散步過程中不說一句話。十分鐘以後回到教室，把紙發給學生，要求他們寫下自己在散步時看到的情景。以下是其中的幾篇：

> 「出門時，我看到同學很有次序地走出教室。下樓梯時，我注意到同學臉上興奮和懷疑的神情。」

> 「走在教學大樓旁邊時，我看到牽牛花，想聞聞它的香味，但是沒有聞到。我還看到草坪剛被修剪得很整齊，澆了水。看到木蘭樹上有兩個花蕾……。」

「在校園外面，我看到人們坐在一起，有些人在聊天，或者獨自坐著。陽光從樹葉間灑下來，偶爾聽到鳥兒在叫著，非常安寧和平的景象。我還看見有人睡在樹蔭下，有人坐在長凳上，有人趕著去上班。」

「我看見了學校的校園，覺得它一定被精心修剪整理，樹長得又粗又壯，草坪青翠真好看。到了校外，人行道整潔。而且，教室外面顯得比裡面更暖和、更清新。是不是能常常來散步？」

開學第一週，老師要求學生分組坐在一起，互相介紹，交談十五到二十分鐘。然後，再寫下關於小組裡自己以前從未遇見過的某人之第一印象。下面是三個學生寫下的有關同一位女同學的第一印象：

「我對她的第一印象是：她有使人愉快的好性格，會是一個容易談得來的人，有幽默的個性，對生活、對學校都抱有熱情的態度。」

「我對她的第一印象是她能說善道，不管談什麼話題，她馬上都能侃侃而談，雖然不能算是缺點，但是她往往又很快地轉到其他毫不相關的題目上面，不給他人講話的機會。」

「她似乎非常不成熟，而且舉手投足之間有點盛氣凌人。她喜歡說話，似乎很容易結交朋友，對人友好，生性快樂。」

上述兩個例子說明了理解個人行為的獨特性之最重要原則之一：與其說是我們的環境，不如說是我們對環境的認知方式，塑造了我們的行為。沒有兩個人會以完全相同的方式來觀察現實。

第二節　人類認知的發展

　　人類的認知活動都是有一定規律的，只要我們適當開發和利用我們的大腦，按照認知規律進行學習，人類會有一個智能的高度成長，且各項發展將會不可限量。認知心理學是用訊息論觀點來看待思維，把人腦看成結構複雜精密，而且效率極高的器官。

　　認知心理學家把認知過程的一些假設，利用電腦系統進行實際驗證。他們先把對解決問題的思維過程之各種猜想編成一定的程序，然後讓電腦去模擬與運算。如果電腦獲得預期的結果，就證明這種程序就是人的認知過程。認知心理學的產生使電腦從原來純粹的運算，變成為具有人的某些智能模擬和代替人腦部分工作的「智能機器」。早在數十年前（1950 年）就有科學家預言，利用電腦來下棋是可能的事，由於認知心理學的興起與參與，僅僅過了八年（1958 年）就實現了專家的預言，而打敗國際象棋冠軍的電腦系統比科學家的估計實際上提前了二十年。

壹　運用訊息加工

　　認知心理學運用訊息加工觀點，來研究認知活動，其研究範圍主要包括：感覺認知、學習記憶、注意表象、思維和語言等心理歷程或認知過程，以及兒童的認知發展和人工智能。

　　認知心理學興起於 1950 年代中期，1967 年美國心理學家尼塞（Ulric Neisser），發表了心理學史上第一部以《認知心理學》（*Cognitive Psychology*）命名的專著，使認知心理學成為一門重要的學科。把人的認知與電腦聯繫起來，這是心理學在方法論上的突破。以訊息加工觀點來看，電腦程式所表現的功能和人的認知過程是相同的，二者的工作原理是一致的。只要把結構和

功能分開，利用二者功能上的一致，就能實現模擬。使用電腦模擬，首先是分析人的思維過程，列出訊息加工模型，然後交由電腦模擬。所以，認知心理學是電腦和心理學結合的產物。

人的心理活動是透過語言表達的。如何把人類的自然語言變成電腦語言，是實現電腦模擬認知過程的關鍵。以喬姆斯基（Avram Noam Chomsky）為代表的「轉換—生成語言文法」（Transformational-Generative Grammar），為認知心理學家實現電腦模擬提供了語言學基礎。喬姆斯基學派將無限豐富多義的人類自然語言特點轉化成電腦語言，提供了研究發展的可能性。認知心理學也和其他心理學一樣，對人腦內部訊息過程的研究還是非常有限的。有人認為，這種對人腦內部訊息加工過程的研究，也類似天體學中的黑洞（Black Hole）理論。黑洞理論認為，天體有很強的、連光也不能逃脫的磁性，天文學家並不能直接觀察到這個黑洞，只能透過研究它與宇宙間事物的相互關係來間接地探索其現象。認知心理學對人腦內部訊息加工過程的研究，基本上也是屬於這種間接的研究。

認知心理學的迅速發展，是由於它採取了兼容並蓄的態度，批判地吸收了傳統心理學中合理的部分，採用當代科學技術，尤其是電腦科學、人工智能方面的研究成果，進而使認知心理學在理論和研究方法上都有較大的突破，它是一種在實驗基礎上高度整合的產物。認知心理學的興起和發展，充分反應了當代科學研究的多種滲透和多層次研究的時代精神。皮亞傑（Jean Paul Piaget）的認知發展理論，使用基模（schema）來說明心理的結構或組織。人的最初基模是「遺傳性基模」，隨著和外界的不斷接觸，經驗增多，基模就不斷地豐富起來。在認知的發展過程中，一方面人用原有的基模去同化新的訊息，另一方面又用順應的方式，調整舊的基模或創立新的基模去同化新訊息。人的認知結構就是在這種同化與順應的過程中不斷發展的。

皮亞傑認為，心理結構的建立，既不是外界客觀的複寫，也不是主體內部預先形成的結構集合，在個體結構的形成中，認知發展依賴於漸進的內部協調，也依賴於透過經驗獲得訊息。

與外界訊息交換

　　從系統、訊息及控制的角度來看，心理結構應該反映人作為一個自我控制系統的全部特徵，反映個人生活在一個複雜的自然環境和社會環境中，如何透過心理結構中的訊息調節，來與外界進行物質、能量與訊息的交換過程。

　　綜合傳統心理學對心理結構的研究，心理結構應為塔形，是一個由四面合成的錐體。在塔的每一面分別代表構成人的心理意識之三個子系統，即認知系統、情感系統，以及意志系統。塔形的基底是個人的先天素質，例如：高級神經活動的強度、靈活性等，遺傳素質的差異對心理結構的形成有一定影響，但決定這座精神金字塔的高度、完整、協調的主要因素，還是個人的「實踐活動」，也就是認知、情感與意志，因為它是在個人與內外環境中相互作用而建立起來的。

一、認知系統

　　認知系統由下列三個層次所組成：

1. 最低一層是「感覺」，也就是視覺、聽覺、膚覺、運動覺、觸覺、機體覺、平衡覺等。它是直接在遺傳訊息的基礎上建立起來的，正如皮亞傑所認為：感覺運動基模是從遺傳性基模的基礎上，加上後天的經驗發展起來的。

2. 第二層是「注意」，注意是漸漸由「無意注意」向「有意注意」所發展的，增加了認知的定向性。認知包括時間認知、空間認知、運動認知。認知與注意的發展，增長了人從整體上反映事物的能力。

3. 第三層次是「語言、思維」。思維包括概念的形成、運用、判斷、推理、想像和創造性的思維。語言和思維的發展，使人的訊息加工能力促成了質的大量提升。

二、情感系統

在認知發展過程中，同時也伴隨著情感系統，這也是一個從低級到高級的發展過程：

1. 第一層是與生理需要滿足水準密切相關的自發性情感，也就是喜、怒、哀、愛、慾、惡、懼等七情。這一層次的情緒發展主要是來自於遺傳因素，當然也包括後天的影響。

2. 第二個層次的情感系統，是與社會動機密切相關的社會情感。個人透過這個社會情感的層次系統，獲得團體的歸屬感與個人尊嚴。

3. 第三個層次是社會性情感中最高層次的部分，它是與人的高層次認知相聯繫，以一定的原則和標準為依據。

三、意志系統

意志是個人實踐活動中的重要環節。這個系統由下列三個層次所組成：

1. 第一層次是以支配最簡單的活動目的為出發點，主要是對生理活動和簡單的心理活動加以控制。此層次的意志自由度很低，活動主要是受到生理成熟水準的約束。

2. 第二層次顯示，經由訓練能達到對目的性活動的一般控制水準，包括：意志的控制。

3. 第三層次是與高層次認知和高級的情緒體驗為依據的堅韌性，在這一層次的意志水準支配下，人們能完成不可思議的艱巨任務，克服一般人所難以克服的困難。

由認知、情感、意志等三個子系統構成的心理結構之內部，是一個多層次、多水準的記憶系統，在這裡儲存著來自認知系統、情感系統、意志系統的心理訊息。記憶不只是來自於認知，還有情感記憶、運動記憶。這些訊息分成兩個層次儲存：外層的是短期記憶，它的容量有限，在很短的時間內就

會消失；內層是長期記憶，它能保存很久，其容量幾乎是無限的。儲存在記憶系統中的訊息，構成了一定的心理訊息基模，被用來同化新的訊息。這種同化和順應的過程，即為訊息加工的過程，歸根究底是一種新、舊訊息的矛盾過程。人們總是用原有的訊息來接受與處理新的訊息，同時，又用新的訊息來豐富、改變原有的訊息結構。心理活動中的訊息活動是一個從上到下、從外到內，同時又從下到上、從內到外的回饋性雙向活動過程。

人的心理活動是大腦反映外界客觀事物的訊息活動，這種積極的、複雜的、創造性的反映過程，不是孤立的、簡單的刺激和反應，而是一個多系統的整體結構之訊息加工。人們透過一般的活動和有目的之實際活動來接受外界訊息，被主體所接受的訊息將不同程度內化與儲存在記憶系統之中，並成為心理結構的新要素。人們總是用原有的訊息結構去同化、吸收新的訊息，而新、舊訊息的相互作用使心理結構產生一定程度的變化，心理結構的內部作用將形成新的訊息編碼，來調節和控制個人內部與外部的活動。由於人所處生存系統的複雜性，將引起內外環境不斷的變化。與此同時，心理結構的內部訊息活動也是不斷發生變化。

參 認知的工具性

著名的投資家比爾・蓋茨（Bill Gates）曾說過：「我相信在不久的將來，自然界創造的一切事物幾乎都能用單純的數字來解釋。這又標誌著人類認知與智能的大幅成長。」這句話充分反映在紐約以華人為主的股票投資公司之大廳裡，因為許多不懂英文的投資人正在全神灌注於電腦螢幕的數字，大家隨著螢幕上數字的變化及自己手中的持股，而改變臉上的喜、怒、哀、樂。

解決數學問題中的自然語言及其功能，應該考慮兩個問題：藉助自然語言學習數學的過程，以及自然語言在數學應用中的描述功能。關於學習，兒童對數學語言的掌握總是比對自然語言的掌握遲一些。對於數學語言的學

習，一般是在學校教育過程中所進行的，此時，自然語言就成為一種基礎語言，使它成為兒童通向使用數學語言形式表達概念的第一步。

研究顯示，如果在教導運算符號「＋」時，配以「增多」、「總計」、「增加」、「買進」等詞語，對問題的解決就會大有幫助，否則將會增加解決問題的難度。在數學教學中，應用題最難教學。在解文字題的過程中，首先要去理解自然語言描述的情境，然後藉用數學的表達方式進行運算，進而發現其他有關的數值訊息。每個文字題目都是由句法、語義和實效等因素所構成。近年來，在分析這些因素之間的關係方面，有一些進展，例如：一個加法文字題的邏輯結構，通常是包括兩組分離的物體或事物，然後再將它們加以連接。這種連接可以包括上下級關係、空間或時間的連接，甚至是動詞的連接。

類似這種邏輯因素的研究，還有訊息處理系統、發生認識論法、課文的語義分析等，以上種種因素會對兒童的理解和運算產生影響。因此，他們會根據這些因素將文字題分門別類，並標示出難度，分成「結合」、「改變」、「比較」等三類，每種類型代表著不同的困難層次，來探索一個人在發現問題和解決問題過程中表現出來的心理特質。良好的探索能力，實際上是良好的思維能力之表現。在數學研究領域中，思維水準上的良好探索能力具有以下幾個特徵。

一、獨立的概括能力

學習數學一定離不開概念，為了掌握概念，首先就要學會概念。具有良好探索能力的學生，能夠獨立概括相似的數學題材，從各種不同的問題中找出共同的特徵，並在概括的水準上思考解題方案。一位心理學家給幾個學生講解三角形的內角之和等於 2d 之後，並沒有要他們用這一規律解決其他問題，但令心理學家吃驚的是，他們竟會獨立證明四邊形的內角之和等於 4d，五邊形的內角之和等於 6d。一問之下，原來他們已將具體的運算作了綜合公式，為 2d（n-2）。

二、迅速的推理能力

概念和推理是相互聯繫著的，在探索數學問題的過程中，學生不僅要學會如何概括，而且還要學會進行邏輯推理。在數學上具有探索能力的學生，在這方面可以說是具有獨到之處，他們能夠迅速地由前提推導出結論，而且推理過程比較嚴密和通順。

三、靈活的反應

學生在解決數學問題時，常帶有明顯的心理傾向。數學上有探索能力的學生，在解決問題時，基本上會擺脫僵化的思維模式，能夠靈活地從一種心理運算轉移到另一種心理運算。

四、簡潔的思維能力

思維是一個過程。學生在實際的學習過程中，這些成分沒有絕對的前後順序，它們往往是融合成一體。對數學有探索能力的學生，這種簡潔化已成為一種習慣的思維模式。

五、形象性探索

數學探索能力強的學生在思維類型上有著明顯的個人差異，自成一格。在解決問題時，總是有特定的需要，也就是說會常用圖表或基模的手段解決問題，或在頭腦裡看到問題中的已知關係，具有一種形象地表達訊息的能力。

六、抽象性探索

抽象性探索也就是善於對數學材料用分析的邏輯思維來推理。總之，學生在探索數學問題時，離不開思維水準。良好的思維品質，是使探索得以順利進行的重要保證。

　　您有數字細胞嗎？害怕數字、排斥數字是一般人的通病，喜歡數字才是特異的例子。英國哲學家兼數學家懷海德（Alfred North Whitehead）也承認，學習數學極為困難，數字與智力的關係較小，與教育的關係較大。這個事實可以讓我們放下心中的不安，不了解數字的基本原理，可能是因為老師教得不好。

　　很多人的問題在於認為自己已經超過學習的年齡，因此會先懷疑自己的學習能力。請相信，我們並不像自己認為的那樣缺乏數學細胞，因為在實際生活中表現得還可以，例如：我們努力保持工作、維持收支平衡、使用信用卡、繳稅等。如果我們還是認為自己無法以簡單的算術處理日常生活中的瑣事，請再深思：數學能擴展能力，增強智力，對於使用邏輯有莫大的幫助，而邏輯本身對生活非常有用處。而更具說服的理由是：數學是一個概念控制系統，它能讓自己的生活過得更有效率。

　　數學與語言一樣，是人際溝通中約定俗成的東西，人們都知道「我很熱」這句話代表什麼意思，我們都認同「熱」的定義，並且能把它的涵義傳達給他人。同樣的，大家也認同數字的定義，「桌子上有三顆蘋果」，讀者一定知道筆者所說的「三」是什麼意思。數字表達的意思有時比語言更為精確。「冷」對於我們來說，也許是攝氏十度左右的溫度，但對愛斯基摩人來說，「冷」可能是攝氏零下十度，而對沙漠居民來說，可能是攝氏二十度。想要有好的溝通，也許要修正「冷」的定義。但是數字就沒有這個必要，數學語言和日常用語截然不同，基本上它是一種理性語言。數學能夠幫助我們擴展智力範圍，它協助我們的方式，就像維修工人用工具拆卸那些只用手無法拆除的東西一樣，它只是一種工具。一旦學會如何使用，它就會任我們加以運用。

第三節　認知的有效應用

　　我們知道所有的人並不以同樣的方式去感知世界，這一點可以鼓勵我們成為獨特的、活力十足的，以及不斷發展的人，否則我們的認知結果會有偏差。討論認知的有效應用，包括：在日常生活中、與他人生活，以及在社會中生活。

壹 在日常生活中

　　在我們的生活中，時時刻刻需要對身邊的一切事物做判斷與評價，以便採取應對。以下有兩項課題需要思考：認知的標準、認知的改變。

一、認知的標準

　　讀者是否曾在美術館看到某一幅畫，總覺得它不過是孩子隨意畫出來的作品？是否讀到過這麼一本書，每次拿起它就昏昏欲睡？如果是的話，或許會感到內疚或焦慮，而問自己：「我是怎麼了？為什麼我看不出這些圖畫的美呢？」這些感覺是可以理解的，因為我們常常不斷地把自己的標準和看法來與他人進行比較。不過，這種比較是很有價值的，這會使我們對正常的個人差異有更確實的認識。然而，如果我們總是把他人的標準奉為唯一的準則，那麼我們將會感到自己無能而苦惱。從認知的心理來看：用不同的方式去看事物是正常的。

二、認知的改變

　　因為廣告和傳播媒介的強大影響，我們比以往任何時候都更需要維護個人意見的尊嚴和完整，更需要擺脫下述的觀點：「只存在唯一正確的答案或

解釋。」因此，有時候改變我們的認知是有益的。在有些情況下，我們的認知是不正確的，因此會造成不斷的失敗或被否決。程度不錯的大學生，可能會因為對於要取得滿意的成績所必須的學業水準和努力程度之估計不足，而導致成績不及格，警告和斥責通常也無濟於事；但為何他們的認知不正確？有可能是因為他們以中學時代的成功經歷為基礎。所以，許多大學生的學習成績，要在自己原有的認知改變之後才會有所起色。

當我們面臨新的情況時，發生認知改變是很常見的事。當我們處於表面上與舊情景相似，但實質上區別很大的新情景時，我們非常容易遭到失敗，例如：新婚夫婦對自己所應擔負的責任之看法，必須經歷許多變化。他們新家的外表和布置可能和父母的家十分相似，但他們所擔任的社會角色卻發生了深刻的變化，因此，為了自己、配偶和孩子的利益，有時候必須樂意地接受對方的看法。隨著雙方在新的環境中有了愈來愈多的共同經歷，他們對生活和問題的看法將愈趨相似。

貳 與他人生活

如果我們要應用認知的心理觀點與他人一起共同生活，包括：家人、同學與朋友，請思考以下兩個問題：(1)我們能把這些認知觀點應用於自己和家庭嗎？(2)我們是否試過用父母的觀點來看待世界或某一件事嗎？

一、依賴關係

子女們遇到的兩個最常見的問題是：上大學時仍住在家裡，以及與父母的溝通；這兩個問題的存在，部分是因為我們基於對世界的認知難以改變。若設想自己已經當了父親或母親，孩子對自己的關係是一種純粹的依賴關係。當孩子逐漸長大，他們卻持續維持著對自己的依賴關係。直到有一天，孩子對我們說不再依賴，他們要搬出去和朋友們一起住，此時，我們也許會很難突然改變對子女的看法，看到他們一下子長大成人了！

二、一致與差異

在家庭生活的一些領域中，具有共同的認知也是很重要的。每個人對於金錢、娛樂、社會新聞、愛情、學習與教育、宗教、閒暇時間的使用、政治判斷、工作等問題的感知方式，是否一致？如果我們能考慮這個事實，就會發現每個家庭成員都有自己的看法，這也可能會更容易理解為什麼在某些方面的意見大致相同，而在另一些問題上，卻嚴重地毫無交集，例如：我們是否較樂於與自己看法相似的人做朋友？或是，也會與自己看法不同的人交朋友？

我們可以觀察一下和他人的一些關係，設法去理解為什麼會和有些朋友相當疏遠，而與另一些朋友則較為親近。如果我們對認知的個人差異這個問題有了更深的認識，也許就更能容忍他人的不同意見，並在更坦率、更開明的基礎上與他人交往。

參 在社會中生活

大多數的人會因為自己周圍的許多人皆使用與我們相同的方式來感知世界，而感到安心，這是由於屬於相似的社會經濟團體的人，會有相似的背景和價值觀。我們常常對團體的不同層次，對於感知方式的影響不在意，但只要我們同樣處在一個穩定的環境中，我們往往很少會產生不同意見。然而，我們的社會現在變得非常多樣性，我們經常需要與不同背景及價值觀的人，或意見相左的人交往。

一、認知的更新

認識到下列事實是很重要的：所有的社會性行為都是學習而得的。如果我們研究造成這些行為的社會性質，所有的這些行為都是能被理解的，儘管人的行為和認知各不相同，但這些不同之處，只是代表滿足每個人所具有的

基本需要之不同方式而已。假如我們被要求寫下對某個政治人物的看法，很可能我們會讚揚他是傑出的政治家。然而，如果我們研究了相關的新聞報導或書籍，而讀到了下面一段文字，那這些意見是不是還能不變？

> 某個人平時樂善好施的公眾行為，只是一個被媒體包裝的政客，其實他對於許多公共工程都有很深的介入，並且對於政治的野心更是表露無遺。

因此，隨著我們變得愈來愈願意接受新的經歷，我們也在不斷地開發更充實的生活新領域，而更能容納他人，對周遭的人也懷有更深的同情和理解。總之，認知是觀察與解釋周圍社會和物質世界的過程，它不但取決於客觀因素，也取決於主觀因素；因此，沒有兩個人會以完全相同的方式去感知世界。獲取關於我們內部和外部世界的訊息之三條主要途徑是：內感受器、近外感受器，以及遠外感受器。雖然所有的感覺都是重要的，但對於大多數人來說，最主要的認知途徑是視覺。

二、認知的客觀因素

認知的客觀因素，包括：運動、分類、組織、相似性、趨合、慣性，以及環境失真。只有當外部事件是模糊的、陌生的和失真的時候，感知者的主觀因素才會對認知產生最大的影響。認知的主要主觀因素，包括：事件對自我的相關性、自我概念的性質、共同認知的機會、智力、動機和情緒。我們逐漸地學會把所有的感覺輸入綜合或強大的認知總體系，認知綜合原則能幫助我們更佳地理解認知。為了人格的充分發展與保持一種對現實的方向感，人必須至少受最低限度的感覺刺激。我們感知事物的方式是習得的，可以透過危機、社會壓力、認知不協調、心理治療、勸導，以及人格特徵等而改變。

【生|活|故|事】 英國社會新階層分類

2013 年 4 月，英國廣播公司（BBC）發表針對英國社會，實施英國史上最大的階級研究調查報告，將整體英國社會從上至下分為最頂層的「精英」（elite）到最底層的「不安定無產階級」（precariat-precarious proletariat），總共有七層。當然，這些分類是針對英國社會，別的社會也可能有其他分類方式，但對於大家比較熟悉的中產階級，普遍有不同的想法與定義，因為隨著經濟環境的轉變，讓一部分的中產階級往上層或下層移動，而造成整體社會的 M 型化。

此項調查主要認為，英國現代社會中的階級分類，應從經濟、社會和文化等多方面來分析，而其分類標準是評量英國人的經濟資本（economic capital）和社會資本（social capital）。所謂經濟資本就是指收入、存款、不動產等，社會資本則主要包括朋友及關係網絡，並根據人們的喜好和日常活動習慣來作為文化資本（cultural capital）的統計。相較於過去的階級分類是以教育、職業和財力當做衡量的基礎，此次的調查顯得更為精緻與全面性。

這次的分類將上層階級改名為精英（Elite），將中產階級細分為四個不同的中產階級，再多分類出一個新興的勞工階級，很像台灣社會的新貧族，因為其所賺的錢大約只能求個溫飽，而不敢將錢做大膽的花用。最後，該分類將最窮及被剝削得最嚴重，也因為窮所以社會與文化資本都是最低的人，列為最底層的「不安定無產階級」。

希望的種子

有一則園藝所重金徵求純白色金盞花的啟事，在當地引起轟動，高額的獎金讓許多人心動。但是在自然界中，金盞花除了金色的，就是棕色的，要培植出白色的，並不是一件易事。所以許多人在一陣熱血沸騰

之後，就把那則啟事拋到九霄雲外去了。

　　一晃就是二十年，有一天，那家園藝所意外地收到了一封熱情的應徵信和一粒純白金盞花的種子。當天，這件事就立即被傳開了，並引起軒然大波。

　　郵寄種子的原來是一個年邁古稀的老人。老人是一個道道地地的愛花人，當她幾年前偶然看到那則啟事後，便有所心動，她不顧八個兒女的一致反對，義無返顧地做了下去。她撒下了一些最普通的種子，精心栽培；一年之後，金盞花開了，她從那些金色的、棕色的花中挑選了一朵顏色最淡的，任其自然枯萎，以取得最好的種子；次年，她又把它種下去，然後，再從這些花中挑選出顏色更淡的花之種子加以栽種……，年復一年。

　　終於，在二十年後的某一天，她在那片花園中看到了一朵金盞花，但它不是近乎白色，也並非類似白色，而是如銀如雪的白色。於是，一個連專家都解決不了的問題，在一個不懂遺傳學的老人長期努力下，最終迎刃而解。

啟示：只有一個真正的愛花人，才能在多年的堅持中，種出如銀如雪的金盞花；只有一個真正熱愛自己所從事行業的人，才能在事業中獲得成功；而只有一個真正熱愛生活的人，才能在生活中尋找到美麗和幸福。所以無論做什麼，不要忘記、不要放棄自己心中的熱愛，那絕對是一顆奇蹟的種子！

思考問題

1. 何謂「認知」？請舉例說明。

2. 我們可以從哪四個方向來理解「認知」，請說明之。

3. 為何電腦所表現的功能和人的認知過程是共同的，請舉例說明。

4. 試說明構成人的心理意識的系統之認知系統。

5. 試說明構成人的心理意識的系統之情感系統。

6. 試說明構成人的心理意識的系統之意志系統。

7. 在數學研究領域中，思維水準上的良好探索能力具有哪些特徵？

8. 請說明如何在日常生活中有效的運用認知活動？

9. 請說明如何在與他人生活中有效的運用認知活動？

10. 請說明如何在社會生活中有效的運用認知活動？

第七章

反應外界刺激的活動基石：
思維的理解

　　思維在什麼時候開始的？當我們在心理上運用學習過的知識來解決問題，以便獲得更富創造性的生活時，思維就開始了。思維一般發生於問題和答案之間的間歇階段，包括各種類型的過程，從朦朧的夢境到科學方法的思維。思維的改進有可能使我們改變人類發展的進程，並把許多原來的夢想變成現實。

 **思考的問題**

　　我們要如何做好思考問題的準備，讓我們在人類世界中取得生存，以及在生活競爭中取得優勢？可以來想想下列這些常見的問題。

一、自我認知問題

　　首先，我們最主要的問題是：我們無法決定將來究竟要做什麼。我們自己很容易搞不清楚究竟要成為怎樣的人，而浪費許多時間，我們常認為這些對自己沒有用處，因為沒有取得什麼成果。可能我們現在正在考慮，我們要不要再次改變自己的目標或專業？但又懷疑自己是否確實需要這樣做，因為

我們對新的目標或專業沒有什麼概念，因此也就不能做出正確的判斷。

二、生活定位問題

其次，對某些馬上要從學校畢業的年輕人來說，如何找工作以及如何生活的問題，讓他們不知如何是好？不知道到底有誰能幫助自己？而對於退休的老人而言，孩子們都長大了，離開了家，現在就只能與老伴守在空空蕩蕩的家；看著孩子們一個個離去，評估自己撫養子女的工作究竟成功與否，心中有著無限感慨，然後又得學習自己如何生活，除了對子女們還要稍加關照外，自己還要面對許多新的問題。

三、未來不確定感

或是，自己的生活是渾渾噩噩地應付過來，學校裡的功課也都是每一科低空掠過。事情的經過常常是：每次自己有問題要解決時，就好像以前從未解決過什麼問題似的；在學校裡的情況更糟，每節課就是不停地抄筆記、問老師、問同學，可是一點都不明白究竟在學些什麼。想學習，但是也想先學習一些解決問題的方法，這樣才能讓自己在解決任何問題時，可以先有點頭緒。

我們都經歷過上述類似的狀況，有時一次碰到一個，有時幾個問題一起出現。伴隨著這些問題的，常常是怎樣處理及解決重大問題所帶來的混亂思想與緊張情緒。

 問題的重要性

在迅速、複雜的現代社會，我們每個人都不斷面臨著一系列的新問題。

一、現實思維

我們常常知道怎樣處理問題，但大多數情況下，我們需要把心理歷程轉

到「現實思維」（realistic thinking）的更主動、更有挑戰性之過程。現實思維包括一些過程，也就是利用以往的經歷加以重新組織、邏輯分析、推理、心理實驗及評價。有時我們的思維具有孤獨性，因為它不是直接針對實際問題的解決，而是充滿幻想、漫無禁忌和單純的嚮往。在其他情況下，問題的解決需要創造性思維。創造性思維包括新的方法、產品和思想的發展。成功的思維需要創造性，也是人類進步與幸福的根本。

二、思維能力

能夠參與具有複雜性和挑戰性的心理活動，是生活的最大樂趣之一。如果我們這樣做的時候，我們會感到更為自主，因為我們學會了較少地依靠外力的幫助，而更多地依照我們自己的思維能力來解決問題。最後，我們可以根據思維能力設定個人的人生目標，發展有效的生活模式，最後實現與成就自我。

 思維的原則性

為了解決問題，我們必須運用有系統的思維來處理，而思維牽涉到四個層面，包括：自我、動機、情緒，以及人格。

一、自我與思維

我們對自己的感覺與認識，不僅影響著我們思維的內容，而且還影響思維的方式。人的自我實現程度愈高，那麼花在工作上的時間也就愈多；愛好學習和思考的人，對他們來說，工作和遊戲之間是很難區別的。相反地，那些自我概念較差的人，則會把更多的時間浪費在思考自己的挫折與失敗上；因為對他們來說，學習與思維不過是家務雜事，並不是令人振奮地對新知識的探求。

那些覺得自己不能勝任的人，思考問題易於機械與僵化，他們認為事務

非黑即白，不是好就是壞，而不知道事務是有多種層次和色彩的。自我感覺良好的人，較能夠容忍複雜或模稜兩可的情況，而自我感覺不良的人，則不能忍受模稜兩可，他們要求的是對錯問題的直接答案。自我感覺良好的人在處理問題時，往往會產生新穎、奇特的想法，他們更富有創造性，更富於獨到的見解。

因此，人的自我觀點，不論其準確與否，都具備有效思維的催化劑或抑制劑的作用。所以，正如佛洛伊德（Sigmund Freud）所指出的，當我們希望發展在複雜的社會及自然世界中生存所必須的思維能力之前，我們必須先認識自己的內在自我。在我們的智力從內部混亂中解脫之後，智力才可以被用來對付生活，而不是被生活所控制。

二、動機與思維

有證據顯示，動機會影響思維的本質，例如：飢餓的人往往會用更多的時間夢想著食物；遠洋漁船的工作人員很多時候是在思念著與他們別離的妻子、家庭和戀人。

祈望取得優異成績的學生比那些沒有這類強烈願望的學生，會花較多的時間去幻想著獲得成功。專家曾說：要了解成就的唯一辦法就是親身體驗之。對成就的描述與展示，絕對比不上樹立目標、計畫、冒險等的實際經歷。只有實際經歷這一切之後，一個人才能做出明智的抉擇，決定是否要實踐並強化自己取得成就的動機。僅僅對學習和思維動機的重要性有認識恐怕還不夠，在取得成功的道路上還需要注重態度和情緒介入。

在研究大學生的智力發展時，學者發現：只有在自我義務感（self-commitments）形成之後，才能夠具有較高的思維形式。也就是說，高水準的學習成就來自於對他人生活的關心、自我責任感、對自己推理能力的信心，以及其局限性的認識。

三、情緒與思維

思維也可以影響情緒；反之，情緒影響著思維的本質及思維的方式。請回想一下，最近一次自己發怒的時刻。

你有沒有在做出某事之前，停下來考慮一下它的後果？

你有沒有說了、做了你後來感到後悔的事？

你有沒有仔細分析過使你發怒的情境？

你有沒有試想過用其他辦法來對此進行補救？

有時候，我們的思想會影響情緒。試想一下，我們所遇到最愉快的那一件事，當時自己是如何感覺的？而我們一生中經歷過最悲傷的時刻，那時又是怎麼感覺的？不加以控制的情緒會阻礙有效思維，另一方面，問題的解決，一般都需要深刻的人類情緒之自由與自發性。要有效地解決問題，情感和智力兩者都需要。對著名人物生平的研究顯示，人類的情緒性質，包括傷感的、失望的情緒，正是他們對人類巨大貢獻的重要因素。而真誠的情緒猶如發動裝置，伴隨著有效思維的開展。

四、人格與思維

自我實現型的人能夠更為自由地運用他們的能力，一般來說都歡迎新領域的挑戰。反之，心理不健康的人，隨著他們逃避、焦慮與罪惡感的現象愈強烈，對學習和思考的慾望則愈微弱，不斷的挫折與失敗轉移了他們本來可以用在建設性活動上的時間及精力。

為什麼有些人缺乏直接抓住與解決問題的動力？其主要原因之一是他們沒能認識到成功和失敗的原因在於他們自己，而不是其他人、運氣或問題的性質等。在我們相信自己對自己的行為負責時，我們的情感就捲入其中，此時就會做出更為持久艱苦的努力，感覺狀態也能更為良好。對於人格特質在大學學習的成功，並且能夠保持這些作用的研究，代表具備高度成熟、嚴肅

思維、自我滿足，以及與人交際相處的能力。此外，我們會看到很多青年在走向成年時，還沒有對自己的職業或是生活哲學做出嚴肅的考慮與選擇。

很多事實可以說明有效學習和思維的必要條件之一，是具有個人重要性的情感。這一條件或許更應受到老師、諮商者和父母的重視。

第二節　人類的思維發展

思維是人類文明的基礎。思維和語言一樣古老，當人類產生了語言，人類也就有了思維及意識（心理活動），而正是人類的思維活動，使得人類成為地球的主宰，憑藉著思維，人類創造了文明、了解了未知世界，翱翔於宇宙。

思維活動是藉助於分析、綜合、比較、概括、系統化、抽象，與具體化等心智操作，實現的思維超出感覺和知覺的範圍，透過現象掌握了事物的本質與規律，成為現實反映的高級形式。人的思維活動與實踐活動是密切相關的，人在實踐活動中，首先是在使用工具的勞動中，積極主動地改善其功能，進而豐富了感性知識，並揭露出事物的本質和規律；實踐活動所面臨的任務和問題，則推動人積極地進行思維，並引導它朝向一定的方向前進。在某種程度上，思維力幾乎等同於智力，這是因為它在智力中所處的核心地位而決定。

壹　心理機制與規律

思維在社會心理學中，是研究思維過程的心理機制及其規律的科學，是研究思維與心理反映活動交往、個性、情緒、意識和潛意識之間關係的科學。第一個把思維當作心理科學研究對象的是德國心理學家丘爾佩（Oswald Külpe）。1950 年代瑞士心理學家皮亞傑（Jean Paul Piaget）創立了結構主義

的思維心理學，認為人們的思維發展結構主要是一種基模，也就是行為或心理的組織。1960 年代，隨著電腦科學和人工智能的發展，美國學者賽蒙（Herbert Alexander Simon）、尼塞（Ulric Neisser）等人用訊息論觀點研究思維過程，把思維看成是訊息處理的過程。

在西方心理學界，首先提出思維品質的是美國心理學家吉爾福特（Joy Paul Guilford），他曾把思維的創造性品質分析為：對問題的敏感性、流暢性、靈活性、獨創性、細緻性和再定義的能力。歐美心理學家對兒童青少年思維品質的研究，主要表現在以下三個方面：

1. 強調思維品質的重要性，並特別重視思維的速度、難度和周密度的研究。
2. 深入進行實驗研究，在研究創造思維中，強調研究方法，從隱藏的形狀上找出完整性。
3. 重視培養實驗研究，從小培養創造性思維，特別是發散性思維。

不同的心理學著作，對思維的論述不盡相同，筆者比較重視思維的獨創性、深刻性、靈活性、批判性，以及敏捷性等五個方面，這五個方面反映了思維的個別差異，是判斷智力層次，即確定一個人智力是高、中、低的重要指標。思維的深刻性，又叫做抽象邏輯性。

貳 思維的獨創性

思維的獨創性是指，獨立思考創造出有社會價值、具有新穎性智力成分的智力品質。思維創造性之原因，在於主體對知識經驗或思維材料高度概括後集中而系統的遷移，進行新穎的組合分析，找出新異的層次和結合點，具有概括性高、知識系統性強的特徵。

思維獨創性是人類思維的高級形態，是智力的高級表現，它是在新異情況或困難面前採取對策，獨特地和新穎地解決問題的過程中表現出來的智力品質。任何創造、發明、革新、發現等實踐活動，都是與思維的獨創性聯繫

在一起。思維獨創性品質的特點，具體表現在下列五個方面。

一、創造性

　　創造活動是提供新的、第一次創造的具有社會意義的產物之活動，所以獨創性思維最明顯的標準是，具有社會價值的新穎和獨特性，因此創造力是運用一切已知訊息，產生出某種新穎、獨特，有社會或個人價值的產品之能力。其中，產品可以是一種新觀念、新設想、新理論，也可以是一項新技術、新工藝等任何形式的思維成果。新穎獨特是創造性或創造性思維的根本特徵。

二、想像與構想

　　思維獨創性或創造性思維的過程，要在已有資料的基礎上，進行想像，加以構思，才能解決他人所未解決的問題。因此，創造性思維是思維與想像的有機整合。提出創新的科學思想，必須創立新的科學方法，而創新性思維的方法並無固定的規則，任憑自由發揮。

　　相似聯想就是由於某人或某事而想起其他相關的概念。蘋果落到牛頓（Isaac Newton）頭上之後，他因此聯想到：月亮與天上的星星為何不墜落於大地呢？這就把地上的物體與天上的星體在思維中聯想起來，設想他們遵循同樣的規律，進而想像出萬有引力的存在。而這就是萬有引力概念和萬有引力定律的萌芽，經過二十年努力，終於使之成為假說；又經過一百六十年之久，隨著海王星（Neptune）的發現，使這一假說終於得到科學實踐的證明，轉化為科學理論，即牛頓萬有引力定律。

　　逆向思維就是把注意力轉向外部因素，進而找到在問題限定條件下的常規方法之外的新思路。對於習慣於傳統思路而採取逆向思維，需要的則是創新的勇氣。英國醫生鄧祿普（John Boyd Dunlop）在花園用水管澆花時，一直擔心在石子路上騎自行車的兒子會因顛簸而摔倒，因為當時的自行車輪是

實心輪，後來他突然注意到手中水管的彈性，就用手中的水管製成了世界上
第一個空心充氣輪胎。

三、靈感

在思維的獨創性或思維的過程中，新形象和新假設的產生是帶有突然性
的，此常被稱為「靈感」。愛因斯坦（Albert Einstein）創立相對論（Theory
of Relativity）的最初起源，可追溯到他十六歲時突然想到的一個問題：「如
果人以光速飛行，他將看到什麼？」在他二十六歲創立狹義相對論時，他只
是一個專利局的小職員。

四、分析與直覺

思維的獨創性，在一定意義上來說，它是分析思維和直覺思維的整合。
分析思維，就是邏輯思維；直覺思維，就是大腦對於突然出現在其面前的新
事物、新現象、新問題及其關係的一種迅速識別、敏銳而深入的洞察，直接
的本質理解和綜合判斷。直覺思維的特點是快速性、直接性、跳躍性、個人
性、堅信感，以及或然性。

鐳（Ra）的發現與居里夫人（Madame Curie）「大膽的直覺」有關。
1898 年 12 月居里夫婦宣布，他們發現了一種比鈾（Uranium）的放射性要強
幾百倍的新元素，並提出這種新元素為「鐳」。在大自然面前，人類永遠像
牛頓所說的那樣：「好像一個在海濱玩耍，有時發現一塊光滑的石頭，有時
發現一顆美麗的貝殼，而為之高興的孩子，真理的海洋永遠都是神秘地展現
在人類的面前。」如果因為沒有全部或足夠的證據就不敢做出任何判斷，那
麼人類就永遠也找不到「光滑的石頭」或「美麗的貝殼」。

五、批判性

思維的批判性，就是指在思維活動中，善於嚴格地估計思維材料與精細

地檢查思維過程的智力品質。我們可從思維的個性差異來闡述批判性思維，也就是思維的批判品質。它的特點有五個方面：

1. 分析性：在思維的過程中，不斷地分析解決問題所依據的條件和反覆驗證已經擬定的假設計畫和方案。

2. 策略性：在思維課題前，根據自己原有的思維水準和知識經驗，在頭腦中構成相應的策略或解決問題的手段，然後使這些策略在解決思維任務中生效。

3. 全面性：在思維活動中善於客觀地考查正反兩方面的證據，認真地把握課題進展的情況，隨時堅持正確的計畫，修改錯誤方案。

4. 獨立性：即不為情境性的暗示所左右，不人云亦云及盲目附和。

5. 正確性：思維過程嚴密、組織有條理，思維批判性品質是思維過程中自我意識作用的結果。

自我意識是人的意識之最高形式，自我意識的成熟是人的意識之本質特徵。自我意識以主體自身為意識的對象，是思維結構的監控系統。透過自我意識系統的監控，可以實現大腦對訊息的輸入、加工、儲存、輸出的自動控制系統之控制。這樣人就能透過控制自己的意識，而相應地調節自己的思維和行為。

思維的敏捷性是指，在處理問題和解決問題的過程中，能夠適應迫切的情況，積極的思考，周密地考慮，正確地判斷和迅速地做出結論。為了使人們更快地接收訊息，讓更多的人得到相關訊息，因而推展了電報、電話、廣播、電視等一系列重大發明。現在，所有的快速發展都圍繞著一個核心，那就是 internet（網際網路）和訊息高速公路。訊息高速公路是指電子通信系統，主要是指電腦系統和電視電話系統，就像高速公路一樣形成一個全國性的——最終將是全球性的網路。網際網路已在實踐中表現出它強大的威力，它是一個知識的寶庫。隨著網際網路在全球的全面普及，很多有商業頭腦的人開始開設自己的網頁，在網路上宣傳自己的產品、自己的觀點、主張，認識更多的朋友，甚至與自己心境相同卻毫不相識的人聊天解悶等，使人們的

生活全面融入了網路時代。

 思維的發展性

語言是思維的載體。語言的發展一直影響著思維的發展，世界上有很多像列夫・托爾斯泰（Lev Tolstoy）這樣的著名作家都會堅持寫日記，其主要的原因就是透過對語言的駕馭，而達到訓練思維的目的。國內外專家研究如何提高思維力，提出了許多種的訓練方法，以下說明之。

1. 發揮右腦的功能、激發想像力：左腦通常具有下列的意識活動：數學、語言、邏輯、分析、書寫；右腦則掌管想像、顏色、音樂節奏、空間、形象等。熱愛欣賞藝術可以開啟右腦，激發左腦的形象思維功能。事實上，許多真正有才華、有造詣、有建樹的人，大都是左右腦均衡發達的。愛因斯坦一生酷愛演奏小提琴，自認為小提琴的演奏技巧高於他在物理學上的能力。

2. 培養和激發潛意識功能：潛意識也叫下意識，即不知不覺的無意識思維或意識型思維。從心理學的角度分析，專注於某一個目標而進行長期的鑽研，大腦皮層就會形成優勢區，此時深層次大腦中的潛意識才能與這一優勢區接通，並向大腦皮層發送訊息。但如何啟發潛意識呢？以下加以說明。

一、捕捉靈感

首先，要善於捕捉靈感。靈感的出現經常是稍縱即逝的，在陷入百思不得其解的情況時，要善於自我調節，暫時停止思維，而去散步、運動，或者去做任何怡情的、好情緒的事情，阿基米德（Archimedes）發現浮力定律（principle of buoyancy）的例子就是最好的證明。有意識地激發靈感，它是思維過程的突變跳躍和躍進。當靈感出現並得到及時捕捉時，會使研究產生突破，長期一籌莫展的問題可能豁然開朗，一舉成功。有意識地激發靈感是

發掘創新潛能的途徑，而堅忍不拔的毅力是保證靈感最後出現的必要意識品質。

愛因斯坦在回顧廣義相對論的來源時說：「從已得到的知識來看，這愉快的成就簡直好像是理所當然的，而且任何有才智的學生不要碰到太多困難時就能掌握它。但是在黑暗中焦急地探索的年代裡，懷著熱烈的嚮往，時而充滿自信，時而精疲力竭，而最終看到了光明，所有這些只有親身經歷過的人才能體會。」廣泛的興趣愛好對激發靈感也是很重要的，有獨創性貢獻的科學家，常常是興趣廣泛的人。廣泛的興趣，意味著廣博的知識；表面上是沒有相關的事務，要用特殊的角度去觀察，才會發現意想不到的道理，也才能夠左右逢源，時時激發右半腦。人們常說，要把詩人和藝術家的氣質帶入科學研究的領域，而不要局限一格，使得靈感充沛與嚴謹的邏輯思維結合在一起，蓄勢待發。廣泛的興趣還有助於適時的變換思考中心，擺脫僵化的、約束的思維，易於產生聯想和輸入外界訊息，進而激發靈感，產生開放的思維。

二、發散性思維

其次，要培養發散性或擴張性思維，吉爾福特（Joy Paul Guilford）在談輻合思維和發散思維時指出，大部分人關心的是尋找一個正確答案的輻合思維，此束縛了學生的創造力。他認為，輻合思維與發散思維是思維過程中互相輔助、彼此溝通、互為前提、相互轉化的辯證整合之兩個方式，它們是思維結構中求同與求異的兩種形成，兩者都有新穎性，兩者都是創造思維的必要前提。輻合思維強調主體找到對問題的「正確答案」，強調思維活動中的記憶作用；發散思維則強調，主體去主動尋找問題的一個以外之答案，強調思維活動的靈活性與知識的發展。輻合思維是發散思維的基礎，發散思維則是輻合思維的發展。

第三節　思維的有效應用

　　從許多方面觀察，思維就是一個人的獨立宣言。它使我們能從此時此刻解脫出來，再次探究過去和未來。思維會使我們先成為一個夢想家，而以後很可能就是社會正義與美好生活的積極倡導者。思維會使我們考慮生與死，以及我們有限的存在意義。

壹　在生活中

　　由於思想在傳達給他人之前，是一種個人的體驗，因此它在人們學習自我生存中，具有極為關鍵的作用；因為，只有人才能夠對思維進行思考，人是唯一能對自己進行反省、沉思、考慮的生物。這樣的沉思和考慮能夠開拓我們生活中令人振奮的新領域，但也可能使生活成為不毛之地。

一、思想影響行為

　　思想會影響我們的行為，例如：有一個學生小張與輔導專家會談，因為他無法與自己的同學和睦相處，他老是和人打架、爭辯，甚至他的女朋友都覺得很難理解他，小張沒有真正可以信賴的朋友。在輔導專家和他談話時，很快就發現小張的確不喜歡他人，而實際上，他不信任他人。當他被問及在空閒時間或沉思的時候在想什麼時，他立即回答說：「我的一生中，他人對我是多麼壞呀！」經過輔導專家和他的幾次交談後，一切都很清楚了，小張的內心世界充滿了與人們痛苦交往的回憶，其中包括他已經離婚的父母。

二、思想強化觀念

　　對他人的想法，是以自己的體驗為基礎的，這主要是有一些想法，例

如：人性本惡、他人是不可信任的、他人總是要傷害你的。不管小張怎樣企圖把自己的這些思想隱藏起來，最終還是會以或暗（如說話聲調、臉部表情、肌肉緊張）或明（如咒罵、打人、諷刺、挖苦）的方式表示出來。關鍵之處是：我們對他人、對周圍世界的看法，與我們對他人的行為、態度及我們生活中所做的一切是不可能分開的。

貳 在思維世界中

從小張的經歷中，我們可以學到什麼呢？

一、小張的思維

首先，我們可以檢查、了解自己內心思維世界的構成，這可以透過多種方式來完成，例如：在輕鬆的氣氛中，與交情好的朋友做誠實的交談、與老師或諮詢人員談自己的思想看法、或者寫日記（記下自己在一天中獨處時、放學回家時、睡覺前躺在床上休息時思考、懷疑的東西）。其次，透過對自己內心思想世界的觀察，我們會發現一些奇異的東西。我們可能像小張一樣，往往沉浸於對痛苦經歷的回顧，或者更喜歡的是那些愉快的經歷，更關心的是自己的未來。在這樣做的時候，我們會愈加意識到這些思想是如何在影響著自己的日常生活以及與人們的交往。

二、思維與價值觀

此外，思維和價值觀有密切的關係。學生們經常碰到的另一個問題是價值觀衝突，例如下述個案的描述。

秀娟（化名）成長於一個篤信宗教的家庭，她的宗教價值觀之一是不抽菸喝酒。現在秀娟已經是個大學生了，常去參加一些社交聚會，那裡的學生們都喝啤酒。秀娟不被其他學生接納為這個團體的一員，因為秀娟不喝酒。在秀娟請教輔導專家時，她表現了真誠的願望，希望自己的行為有所改變；

然而，她以前在家裡和教堂所受的教導，又使她左右為難。輔導專家建議
她：把喝酒與不喝酒兩個選擇的可能後果都列出來加以比較。第二天，她帶
來了兩張寫得滿滿的表格。如果她喝酒的後果可能包括：犯罪感、父母的發
現與可能的處罰、法律問題（她還未成年），以及她養成壞習慣的可能性。
不喝酒的後果包括：失去一些朋友、不被邀請參加聚會、被人認為古板守
舊。她最後得到結論：喝酒的話，不好的後果比較嚴重；因此她決定不因為
自己一時的衝動而飲酒。輔導專家最近一次見到她時，她已和另外一些人交
朋友了。

三、矛盾衝突

前面有提到思維與情緒的關聯，實際上，我們許多人自己面臨的另一個
問題是：矛盾衝突的情緒反應。我們都經歷過這樣一些情緒的交替，例如：
愛與恨、好奇心與厭惡感、歡樂與痛苦、高興與悲傷。在我們談到異性交往
的時候，愛與恨之間的情感衝突是一個非常普遍的情況，我們來看看下面這
個例子。

有兩位年輕人：瑪莉和彼得，他們成為親密好友已經兩年多了，在這期
間他們的關係非常密切。有一天瑪莉哭著向輔導專家說：「我的心都碎了，
我愛彼得，可是他老是做一些不利於我的事，我真想報復他。」她解釋自己
為什麼恨彼得，可是又非常地喜歡他，在說明這一切的時候，她很快意識
到：與其說問題出在彼得身上，不如說是她自己的問題。她對彼得很生氣，
因為她有時也想跟其他朋友約會，可是彼得不喜歡她這麼做，而她竟然對彼
得說：「你不要再來見我了。」這樣她就有時間可以與別的朋友約會了。現
在，擺脫了對彼得的義務，她就能夠探討與其他年輕男子的關係，而不必有
什麼罪惡感了。

參 與他人相處

　　與我們相愛的人幸福地生活在一起，或許是人生中最大的快樂。我們希望和我們所愛的人共享我們的生活，但是不管怎樣，我們總是互敬互愛。有時候我們之間也會產生矛盾、爭論，甚至是不愉快的情緒。

　　這一切都是正常的、健康的，在人與人的關係中總會發生類似的現象。然而，同樣屬於正常與健康的是努力解決矛盾、問題，處理好各種思想情緒。現在我們可以用到目前為止學過的解決問題之方法，討論一下一對年輕夫婦所遇到的問題：一位年輕的女大學生結婚一年後，來探望輔導專家。她感到很痛苦，因為她覺得丈夫不再愛她和他們的孩子了。

一、確定問題

　　第一個步驟就是要準確地找出問題。問題是否真的是丈夫不再愛她了呢？人都是具有移情能力的，尤其在互相愛戀時更是如此，因此輔導專家就問她，她丈夫是什麼時候、怎麼開始改變對她的感情和行為的。她說：在她高中畢業後，他們就結婚了，那時她的丈夫是大學二年級學生。孩子出生後，她只得辭去工作。她丈夫也輟學，找了個薪水較高的工作；可是他對這個工作並不喜歡。後來他又上了大學夜間部，但是又因為課業跟不上而休學。

　　大約在這時候，她開始注意到丈夫的行為有了轉變。他再也不逗孩子玩，晚上總是很晚回家，他變得沉默寡言，很少說話，就算開口，對她也是沒有好臉色。這時，她突然明白了問題所在：「我可憐的丈夫！現在我才明白他為什麼變成這個樣子。他覺得自己前途都沒有了，而我自己有了一個家、一個孩子，自己又在大學念書。我怎麼會對他的情感及需求這麼冷漠、一點都不了解呢？我完全只顧自己！所以我真正的問題是要怎麼幫助他。」

二、制定解決方法

第二步是制定解決的方法。輔導專家建議她與丈夫談談再回大學念書的事，但從以往經驗來看，這麼做只會使他生氣。要是妻子對丈夫說：「我對念大學感覺到很厭倦，想工作一段時間，這樣好不好？」經過討論，大家都覺得這是一個好主意，因為她丈夫太愛她了，因而不好意思叫她休學，以便讓自己有機會再進大學讀書。

三、執行計畫

下一步是執行計畫。她丈夫終於又回到大學求學了，同時覺得自己並沒有傷害妻子的感情。這個計畫奏效，她找到了工作，來幫助丈夫完成他的學業。她自願做出犧牲，因為她知道丈夫也同樣為她做出了犧牲。結局是他們夫妻倆比以往更加相愛了。

肆 在社會生活中

我們在社會生活中，運用我們已經學過的思維和解決問題的技巧是很重要的，正確地運用這些技巧，當我們與他人合作共事時，就能大大提高思維的效率。

一、讚許與鼓勵

我們可以看看輔導專家是如何運用這些技巧，來對教師進行閱讀教學訓練的。在第一堂課，輔導專家首先對教師們在教學工作中的出色成績和熱心輔導同學的精神加以表揚，並誇讚他們志願來學習閱讀教學的內容。為什麼要這麼做呢？因為教師在有困惑時是很難接受新知識的，他們感覺不自在，而面對複雜的問題時卻要即刻找出答案來。然而，在人們感到自己是被人重視和需要的時候，儘管學習的內容很深奧，他們還是會很樂意去學習。

此外，輔導專家還讓教師們明白一件事，那就是在一個新的學習情境中，錯誤和失敗是難免的，而這些錯誤與失敗並不是他們的過錯。為了加強他們的教學能力，本來就應該需要得到幫助與指導。上課第一天，輔導專家覺得自己急切地想要做好輔導的工作，他走進教室，看見有的老師做錯了，但此時他離開了。他不得不這樣做，否則，教師們就會覺得他並沒有真正信任他們；一個人在不為人所相信時，是不可能盡力去做事的。

許多時候，人們自己做錯了，但他們並沒有察覺到。這個問題可以用兩個方法來解決：首先，可以請老師到辦公室來，先表示他的作業做得很認真，然後提出改進的建議；或是，就某一特殊的閱讀方法舉辦一個講座，而不是專門針對某一需要加強訓練的人來進行。重要的是，透過真誠的誇讚及建議，使人們保持一種積極的自我概念。這一個例子說明了，在與他人合作共事時，該如何有效運用思維與解決問題的模式。或許我們已經碰到過類似這種情況，自己的主管或老師為了與人們建立良好的合作關係，而採用了類似的技巧。

二、客觀原理

思維通常會主動提供個人行動或行為的參考資訊，然而，它需要建立在客觀的原則基礎上。思維的四個重要客觀原理是：

1. 有效解決問題需要四個步驟：確定問題、制定解決問題的計畫、執行計畫，以及對結果進行評定考核。

2. 長期計畫有五個步驟：需要與能力的診斷、暫時目標的確定、他人需要的分析考慮、完成目標過程的進展，以及中期、末期的評價與回饋。

3. 對創造性思維的研究明確顯示，它是基於一些個性特徵之上的，例如：態度、自信心、勤奮刻苦、善於吸取經驗、對模稜兩可狀況的容忍、幽默感，以及對生活的態度。

4. 進行有效的思維必須運用大腦的左右兩半球。對絕大多數的人來說，

大腦左半球控制理性及邏輯思維，它代表人類思維的科學方面；大腦右半球則控制大多數人的藝術、音樂及創造性思維，它代表人類思維的神秘及「自由精神」的一面。

總之，思維有各種不同形式，要在複雜多變的社會中求得有效生存，思維是極為重要的。我們需要發展理解、轉變自己與他人的進程。思維過程無論起於行為、認知或精神分析模式，都包含主觀因素和客觀因素。思維的主觀原理主要有：自我概念性質、需要解決問題的性質、自我責任感的程度，以及特別的個性特徵。

【生|活|故|事】

商人的妻子

有一個商人，做的是收購糖的買賣。每天在向村民們收購完糖後，他總是在家裡將糖裝進籮筐或者麻袋裡，然後再運到鎮上或外地去賣掉。但就在他集中或者分裝糖的時候，總是會不小心掉下一些糖，而他卻從來不在乎，覺得損失那一點兒糖算不了什麼。

不過，商人的妻子卻是個有心人。她看到每次丈夫分裝完糖以後，地上都會灑些糖，覺得很可惜，就偷偷把那些糖重新收集起來，裝進麻袋裡。不知不覺之間居然累積了四大麻袋的糖。

後來，有一段時間糖突然短缺，商人有很長時間收不到糖，生意一時間沒辦法做了，幾乎虧本。妻子想起自己平時存下的糖，就拿了出來，化解了商人的燃眉之急，還小賺了一筆錢。

這件事一傳十、十傳百，很快就傳到了鎮上。鎮上有對夫妻開了一家文具店，妻子聽說這件事，先是感動，後來又覺得很受啟發，心裡也很想在關鍵時刻幫助丈夫。於是，她開始趁丈夫不注意時，把報紙、記事本、日曆等貨物偷偷收藏起來，以便貨物短缺時使用。大約過了兩年時間，妻子覺得該給丈夫一個驚喜的時候了，就洋洋得意地叫丈夫到庫房去看。丈夫不看還好，一看差一點昏過去。那些妻子收藏起來的東西不是過時了，就是發霉了，還有誰會要呢？

文具店的老板娘是一個精明人卻不是個聰明人，她只有小聰明，而沒有靈活思維的大智慧，因此有時會做出蠢事。

啟示：智慧和聰明是兩個不同層次的境界。聰明的人很多，可是真正有智慧的人卻很少，具有大智慧就需要超越小聰明，只有這樣才能獲得對人生更高明的理解。故事裡文具店老板的妻子雖有小聰明，但因為不懂靈活應用，最終還是做了傻事。這告訴我們智慧需要時間和經歷的磨練，人在年輕時，雖然有聰明卻很難擁有大智慧。智慧的前提還是要做個有心人，能夠時時從經歷中吸取經驗，增長自己的見識。

思考問題

1. 何謂「思考／思維」？它常見的三個問題為何，請舉例說明。

2. 思維的原則性牽涉到四個層面，請舉例說明之。

3. 歐美心理學家對兒童青少年思維品質的研究主要表現在哪三個方面？

4. 何謂思維的獨創性？

5. 思維的獨創性，具體表現在哪五個方面？

6. 如何啟發潛意識？

7. 為什麼思想影響行為，請舉例說明？

8. 思維和價值觀，為什麼有密切的關係？

9. 試述人生中最大的快樂是什麼？

10. 思維的四個重要客觀原理是什麼？

第八章

滿足人類需求的內在驅力：
動機的理解

第一節　動機的重要性

　　我們都很想盡可能地理解自己行為的「為什麼」，也就是，為什麼如此做或為什麼不那樣做。所以我們要理解動機的重要性及動機的心理學觀點。

壹　動機：為什麼

　　動機的關鍵在於提出兩項重要問題：我們為什麼要做我們正在做的事？他人為什麼和我們的行為不同？

　　有關行為的這些為什麼，也許是僅次於「我是誰」與「為什麼我會在這裡」這二個最難回答的問題。對這些神秘又有意義的問題，未來我們也許會有更好的回答，但在目前，我們繼續根據已知的知識進行更有意義的研究。

　　讀者是否問過自己下列幾個問題：

　　我為什麼上學？
　　是我自己想在這裡上學，還是僅僅因為社會或家庭的壓力？
　　在生活中，我追求的究竟是什麼？
　　如果我真的有了一大筆錢，那我想做什麼事？

筆者記得有一個學生畫過一幅畫，畫的內容是：一位大學生捧了一大堆書，但是身穿泳裝，而且腳下踏著滑水板！當筆者問他這幅畫是什麼意思，他的回答是：當他畫畫的時候，他真的不知道心裡想的是什麼？不過，他承認正在考慮是繼續念大學呢？還是休學之後，到處去玩個幾年再說。從這個故事可以看出，動機形成是一個複雜的過程，因為各個動機常常相互衝突：我們想念書、獲得學位，但是又想結婚及組織家庭；我們想找一個自己喜歡的工作，但是又想找一個有保障的工作。因此，我們必須決定怎樣做，對目前或對將來更重要。我們肯定不願意做童話故事中述說的那頭「餓死的驢子」，儘管有兩堆草料讓牠選擇，但牠卻餓死了，就因為牠無法決定該去吃哪一堆草。

貳 動機的重要性

理解動機是理解行為的關鍵。為什麼一個人在某個時候做某件事？對這個問題會有數不清的答案，但是很可能沒有人，甚至連本人也講不出真正的原因。但是，我們必須設法了解行為內涵的目的，去除疑惑，因為我們如果無法解釋我們或他人為什麼會這樣行動，這種情形是違反常識和科學的。

所有的行為都有目的，而目的可能是體內化學過程的結果，例如：對水和食物的需要；也可能是為了滿足社會期待，例如：上學和找工作。在大多數場合，對所發生的事情，用一個簡單的理由是無法解釋清楚的。動機是耐人尋味的、複雜的，但我們又必須設法去理解的問題，例如：在探討犯罪問題時，對於研究犯罪動機與罪行本身同等重要，甚至是更為重要，法庭在量刑前，就一定要探究犯罪的原因。曾經有一個軍事法庭的案件，該士兵不顧上司的反覆訓誡而多次擅離職守，儘管該士兵認罪，但軍事法官還是判他無罪。因為律師對法庭宣讀了在一次飛機失事中的死者名單，名單中包括了這位士兵的大多數直系親屬，他們在來探訪他的旅途中喪生。

正如皮亞傑（Jean Paul Piaget）指出：「刑與罪相當。」只是未成熟兒

童的天真看法。有道德觀念且成熟的成年人有能力考慮犯罪者作案的動機與主觀意圖，而不僅僅是他的罪行。好的法官不會要求在量刑時「以牙還牙」，他們要探尋的是產生罪行之潛在理由——行為的「為什麼」，例如：法律判決兩個造成死亡案件的判刑不一樣，其關鍵在於是否「蓄意」造成受害人死亡。

參 心理學的觀點

關於人類的三個主要心理學觀點——行為主義的、精神分析的，以及人本主義的觀點，其在人的行為應該首先被看作是消極的（passive）還是積極的（active）這個問題上，出現了最重要的不同意見。

一、拉力與推力

消極與積極的兩種不同意見中，心理學稱作是動機的「拉力理論」和「推力理論」。拉力理論發現，我們的大部分動機是由於環境和外部力量，例如：獎勵和懲罰；推力理論發現，人的大部分動機發生於人的內部，以及發生於表現為衝動與發展傾向的內部力量。

動機控制點的問題是一個程度大小的問題。人類的三個主要心理學觀點都認為，人是積極的行動者，也是動機力量影響的消極承受者，其關鍵區別在於人首先應該被看作什麼。如果按照消極到積極的順序排列，這三種觀點的次序將會是：行為主義、精神分析、人本主義。人本主義模式認為，如果我們把人看作是積極的行動者，而不是外部力量的消極承受者，我們將對人性有更多的了解。然而，另外兩個模式卻更強調人作為決定自己行為的唯一最重要的因素，以解釋為什麼如此多的人類行為是由人主動採取的。

二、行為模式

早期行為主義者，或稱為反應心理學家，闡明了一種比較簡單的，首先

以生物驅力為基礎的動機模式。在這個模式中，動機首先起源於內部，以飢渴動機為形式；也起源於體外，表現為外部滿足物和它們的特性，例如：食物的種類和質量以及它們的取得性與價格，都可能是決定外部刺激物的動機價值之重要因素。行為主義者早就確認，人很快就學會去看重其所處的特定社會所尊敬之東西，例如：學生經年累月苦讀，追求的是同學所羨慕的優秀成績；小孩費盡功夫學得一些複雜的技巧，以博取師長的稱讚等。為了說明這些明顯地是習得的社會動機力量，而產生了初級動機（primary motivators）和次級動機（secondary motivators）的概念。

初級動機是人所共有的天生之生物驅力（飢渴和其他組織需要），次級動機是指許多學習到的心理和社會需要。它們之所以被稱為次級動機，是因為人們以為他們學習到的是和初級動機相聯繫的，例如：金錢被重視，是因為它與滿足初級需要的能力有關；母親被嬰孩所愛，是因為她餵養他並消除其他生理需求的緊張感。

三、認知不協調

把理性與知識引進動機模式常常引起內心的混亂，這稱為認知不協調。導致認知不協調的過程如下：我們每個人都在自己的記憶中儲存了大量的各種各樣訊息、態度和意見，當我們的看法出現了明顯的差別時，我們就開始經歷某種不適，也就是認知不協調。在通常的情形下，人們先經歷信念中的不一致，以及隨之而起的不適，然後作出努力解決這種不協調。

在我們的社會中，得知相互矛盾的證據也許是最常發生的認知不協調之實例。在香菸盒上的印刷及媒體宣導，都會告訴吸菸者有關吸菸引起癌症與肺氣腫的訊息，但不吸菸的人常常問吸菸者，即使如此為什麼還日復一日地吸菸呢？為了減輕所有心中引起的巨大混亂，吸菸者或者會戒菸，或者設法為吸菸行為辯護。曾有一項研究，其中比較了相信吸菸與癌症有關與其菸癮之間的大小關係，不吸菸者、少量吸菸者、中量吸菸者和嚴重吸菸者，否定吸菸會引起癌症的相對百分比分別為 55 ％、68 ％、75 ％和 86 ％。如此看

來，透過改變原先的想法或行為，或者透過否定引起不適感的論斷之真實性，就可以減輕認知不協調的過程。

人們常常要為自己的行動（包括從婚姻到買房子）辯護，或證實它們的合理性。在一項研究中，要求受試者對幾個產品的吸引力做出評價，然後給每個人一件產品，以酬謝他們的合作。饋贈產品之後，要求他們對這些產品進行再次評價，正如認知不協調動機原則所預知的那樣，對有關產品的評價明顯上升了。

四、不充足理由

如果一個人工作很努力，薪資卻很少，或者認為自己的行動傷害了自己或他人，這時認知不協調就會發生，那麼這個人就必須找到把自己重新看作是聰明有理智的方法。

為證實這種假設，主持研究的人付給參加一個枯燥實驗的學生一個費用，有的人二十元，有的人一元。結果，錢拿得較少的學生比錢拿得較多的學生認為這實驗更有趣，之所以會產生這樣的結果，其理由是拿錢少的學生感到太低的酬金虧待了他們，就必然地改變對實驗的評價，以稍稍平息心中的不滿；也許在學校環境以外，人們會簡單地將實驗主持者看成是個吝嗇者，而給學生的錢這麼少。如果對自我實現型的人做同一個實驗，結果將會極有意義，因為我們預料，心理健康的人原本就會因為只拿到一元報酬而去說謊，也不會由於做了被實驗者這種有失身分的經歷而感覺不舒適；這種情境不會被看作是對他們自視為有道德與責任的公民之一種威脅。

總之，動機研究試圖回答有關行為的種種原因。即使心理學家一致認為所有行為都目的，但我們至今尚不能解釋有關人類行為的許多問題。

第二節　理解動機的觀點

　　心理學研究與社會生活實踐的經驗證明，個人的工作與學習能否獲得成就，在很大程度上取決於自己能否發揮其積極性與主動性。積極性與主動性乃是個人動機力量的具體表現，其作用之大，不小於個人的能力與知識經驗。在分析人們的行為時，必須揭示其行為的動機，只有這樣，才能判斷其行為的出發點，也才可以預見其行為重複出現的可能性，以便作出鼓勵或禁止的信號，進而實現對其行為的控制。

壹　動機的作用

　　動機是個人行為的動力，是引起人們活動的直接原因，也是一種內部刺激。動機，是直接推動個人活動以達到一定目的的內部動力。個人的一切活動都是由一定的動機所引起的，並指向於一定的目的。動機的概念內包含以下四項意義：

　　1. 動機是一種內部刺激，是個人行為的直接原因。

　　2. 動機為個人行為提出目標。

　　3. 動機為個人行為提供力量，以達到其體內平衡。

　　4. 動機使個人明確其行為的意義。

一、活動性與選擇性

　　由此可見，動機具有兩個方面的作用：活動性與選擇性。活動性是指，個人具有某種動機之後，能對其行為發生推動作用，表現為對其行為的發動、加強、維持，直到中止。選擇性是指，具有某種動機的個人，其行為總是指向於某一目的而忽視其他方面，使其行為表現為明顯的選擇性。故分析

個人動機的作用時，首先要確定其方向，在正確方向的指引下，動機愈強烈，則其行為愈具有積極的社會意義；否則，方向不符合社會要求，動機愈強烈，其行為對於社會帶來的消極意義也愈大。

二、複雜性

其次，動機具有一定的複雜性。個人的動機及其行為之間的關係是錯綜複雜的，它們不是一對一的關係，同一個動機可以產生不同的行為，例如：個人想要賺很多錢，來改善家庭的經濟生活之動機，可以表現在多方面的行為：努力念書，掌握新知與技能、鍛鍊身體，增強體魄、對智力實行多方向的自我開發等。個人的同一個行為也可以由不同的動機所引起，例如：個人努力進行身體鍛鍊的行為，可能來自不同的動機：(1)為了參加運動會，獲取勝利；(2)為了增強體質；(3)為了使體形健美。

一般而言，個人的行為總是同時有幾種動機共同發生作用，其行為不是單純為某一個動機所支配，但其中總有一種動機具有主導作用。或者說，在不同的階段掌握主導作用的動機時，就可以相互轉化，例如：人們學習知識的主導動機是要成為一個專家；在學習過程中，支持其學習活動的主導動機可能是其對專業的興趣；在考試階段，支持其學習活動的主導動機，則可能是為了爭取獲得好成績；在學習結束階段，又會產生與個人志願有關的其他之主導動機。

動機的複雜性還在於：人們頭腦所想的動機與其口說或書面表述出來的動機，往往是不一致的，例如：有人進大學的動機可能是為了拿到文憑或為了增加薪資，也可能是為了個人興趣，但如果他認為這種赤裸裸的動機似乎有個人主義的傾向，他可能會向他人說，升學是「為了服務社會」。此外，人們頭腦中實際上主導作用的動機與其本人意識到的動機，也往往不一致。

三、可知性

　　最後，動機更具有一定程度的可知性。從以上的分析中可以看到，動機是複雜的，它是一種內部刺激，他人是無法直接觀察到的。但動機也不是不可知的，因為動機表現在人們的行為之中，若能對人們的行為做系統觀察與分析，就可以推測其動機，而根據行為的強度與持久性可推測其動機的強度。行為的力量來自於動機，一個求知慾很旺盛的人與一個缺乏求知慾的人相比，學習活動的強度和持久性大不相同。此外，根據行為的方向與行為內容可推測其動機的社會意義。

貳 動機的社會背景

　　人們的需要決定於社會生活條件，並受其社會關係所制約，因此表現需要的動機也具有社會歷史性。同一個國家在不同的社會背景下之人們，也具有不同水準的動機。美國哈佛大學心理學家麥克萊倫（David Mcclelland），多年來一直致力於研究人們的成就動機，他透過主題統覺測驗（Thematic Apperception Test，簡稱 TAT 測驗），即用看圖說話或看圖講故事的方法，以及對兒童的觀察與談話，獲得兩個主要的發現：

　　第一，由於社會背景不同，兒童所受到的社會化不同。若父母本身具有較高的成就動機，就能對其子女的成就動機給予有效的獎勵；若父母本身的成就動機既可為其子女的成就動機提供模範，又可為其子女提供一個促進成就動機的家庭氣氛，這種氣氛就能強烈的誘導兒童的成就動機之高度發展。

　　第二，促進成就動機的氣氛可能在全國範圍內造成。麥克萊倫測量並評估了三十個國家兒童讀物的故事內容中所表示的成就需要之強度，發現與這些國家二十年後的經濟發展之間有顯著的相關。這一發現顯示，一個國家範圍內形成了成就動機的氣氛，將有利於兒童青少年成就動機的提高。

　　上述發現值得我們重視，這種情況同樣可以在我們的社會生活中觀察

到。人們的動機受到社會、經濟、文化等因素的影響很大，例如：新加坡的專家調查了近四百名已婚青壯年的生育動機，發現其生育動機與所受的文化教育程度有明顯的負相關，即人們的教育文化水準愈高，則愈不願意多生小孩，而教育文化水準愈低，則愈希望多生小孩。

研究指出：文化程度愈高的人，追求精神生活的興趣與探求知識奧秘的求知慾會愈加強烈，不願多生小孩，而且容易領會和接受家庭計畫的宣傳，使社會的客觀要求轉化為自己的主觀需要。研究還指出了與上述結論有關的另一觀點，即生育動機與人們的職業有關係，在教學機構已婚的人當中，較多的人傾向生育較少的小孩，而在工農業及服務性行業的人當中，則傾向多生一些小孩。

參 動機與需要

麥道格（William McDougall）最早提出：人們社會行為的動力是本能。也就是說，他把人的本能作為推動人們行為的動機，而本能具有動機作用。因為本能是一種與生俱來的衝動，所以用本能一詞來概括人們社會行為的動機，顯然是不夠的。但是，人的本能對於某些行為確實會發生推動作用，所以也不能一概否定本能有動機作用，例如：人有吃喝的本能，就會推動人們去尋找吃喝的東西。但是，用本能作為人們行為的動機是十分不周全的，所以之後的一些心理學家即用「需要」一詞來代替本能的概念。

一、激發需要

所謂需要，乃是指人的生理或心理狀態，由於某種不足或過剩而失去了安定的不均衡狀態，因此產生不愉快感而造成的一種緊張狀態，個人則表現出追求安定以恢復平衡，這就是需要，例如：人們喜歡與人交往，不喜歡孤單的狀況，如果一人獨處，就會失去想法交流的機會，也會造成心理狀態在交往方面的不足。但是，如果人們整天忙於交際應酬，那就會造成心理狀態

在交往方面過剩了。不論是不足或過剩，都會產生不愉快感，而造成孤獨或煩惱的緊張心理，於是個人就會去與朋友聚會或逃避人群，前者表現為尋找朋友，後者表現為尋找安靜地點，上述這些行動就是「需要」。

人們的動機就是由需要所激發。需要驅使個人趨向某個目標，而成為動機，也可以說，動機是由需要轉化來的。一般而言，需要與動機的兩個概念可以不必細分，在許多有關文章中，都將動機與需要視為同樣的事。不過，人們有時候即使有了需要，卻不會激發出動機，例如：人們處於一般飢餓狀態下，需要吃東西，但看到食品很不衛生、又冷又硬，知道如果吃下去會生病，就不想吃這食品。也就是說，飢餓狀態下吃的需要並未被激發出吃東西的動機。由此可見，動機具有一定的對象。

但有時候，人們的需要卻未被自己明確意識到，而成為一種潛在的需要。人的潛在需要在某種場合下，仍然可以作為其行為的動機而發生作用，例如：有人去書店要買一本旅遊雜誌，剛好看到某歌星的 CD，原本他並無購買此 CD 的明確需要，但有潛在需要，於是他就買了這張 CD。這就是潛在需要激發行為的動機。

二、情感與認知

需要的滿足與否會產生肯定或否定的情感，進而激發起某種動機。情感是人們快樂或不快樂的經驗，是人們對於來自體內與外部世界刺激所獲得的主觀感受。若是給自己帶來愉快的感覺，就會想要去接觸或有接近的行為，若是給自己帶來不愉快的感覺，就會發生逃避的行為，例如：一個人在路上遇見知己朋友，就會主動上前打招呼、談話；如果遇到了一個自己不太喜歡甚至討厭的人，就只會點個頭，或刻意避開對方。這就是人們的情感推動了自己的行動，所以情感具有動機作用。

因為認識外界事物，了解與掌握事物發展規律的行為，就是一種認知需要，這種認知需要會發生動機的作用，例如：當人們對於某個新事物缺乏認識時，由於好奇心的驅使而想要了解它；當人們對於某個事物只有初步認

識，由於對它具有興趣而想進一步了解時，都會推動自己去認識它。所以說，認知也會對行為發生動機的作用。

第三節　動機的有效應用

我們已經知道，動機如何作為內、外因素的結果而發展。我們也已經知道，某些動機比其他動機更屬於基本動機。另外一種新的動機理論，它認為人處於向自我實現與超越等兩個階段不斷發展的過程之中。我們希望現在讀者能對自己或他人的行為之理由有更深的理解。具體地說，我們希望現在能夠：

1. 理解與承認自己的一些基本動機。
2. 知道如何改變自己的一些動機——那些可能感覺不舒服的或造成困難的動機。
3. 理解如何開始滿足較低層次的需要，以便逐步達到動機階梯的頂端，朝向自我實現發展。

壹　理解自己的動機

不僅要理解，而且要承認自己的動機。我們知道，有的人可能理解自己為什麼做某一件事，但是卻不承認它是自己人格的一部分。事實上，他有可能為之而產生罪惡感，我們這樣說不是要承認自己所有的動機，我們可能只想改變其中的一部分動機。不過，在我們有力量改變它們以前，就必須在它們影響自己的行為時，首先理解與承認它們。

一、動機階梯

讓我們看一看自己在動機階梯上的位置，我們目前是在哪一層？我們也

許已經使大部分的生理需要得到了相當程度的滿足，當然，如果是一個打工賺學費的學生，可能有的時候會為了餐費而感到必須精打細算。我們是否已處於階梯的較高一層——安全與有保障？許多人可能會由於下述種種矛盾而感覺相當不安全：獨立與依賴家庭；想要在社會上某職務中獲得成就與在家族企業中得到舒適和保護；在社會中表現自己與在家中可得到的呵護與愛等的衝突。

　　愛與歸屬也許是大多數學生和許多成年人感到沒有被充分滿足的需要，這是可以預料到的，因為許多學生正在逐步脫離父母與家庭。隨著自己發現了自己是誰，就能在密切的個人交往中更好地與他人相處。自我尊重對學生來說也是一個較難滿足的需要，在學校裡，學生有時也會受到教師或行政人員以各種微妙方式表現出來的歧視。重點是我們的許多具體需要，不一定要和馬斯洛（Abraham H. Maslow）階梯的需要層次（生理的需要、安全的需要、歸屬與愛的需要、尊嚴的需要、自我實現的需要）一一對應。換言之，一種需要的剝奪常常在個人身上以獨特的方式表現出來，但不同的行為可能是同一種需要的表達形式。

二、挫折忍耐力

　　對許多需要僅有部分被滿足所表示的容忍能力，稱為挫折忍耐力（frustration tolerance）。有些人不能容忍他們的需要受到挫折，他們想做的事情，現在就必須做到！他們想要的東西或人，現在就必須得到！

　　心理健康的人之特徵之一，就是為了日後得到更大程度的滿足，他們能放棄追求滿足眼前需要的誘惑，也就是說，他們想滿足安全和自我尊重的需要，但是在目前容忍這些需要暫不被滿足，這是為了以後能得到更高程度的安全感和自我尊重感。

　　許多學生會面臨這類困境，例如：有兩位學生打算休學，為的是能離開家庭（更大程度的獨立），以及找到住處與工作（自我尊重）。但在和筆者談話以後，他們覺得自己目前能容忍這些需要不被滿足。這樣一來，當他們

畢業都找到適合的工作之後，就能更充分地滿足這些要求。而到了那時候，他們因為有了一份穩定的工作，使他們有時間發展自己的個人潛力。

 與他人生活

人類的行為包羅萬象，理解他人行為的關鍵是要知道他們為什麼做這些事情，也就是他們的目的或動機。為了更加理解他人，便要設法確定他們在動機階梯上所處的層次。

在理解一個人的動機時，我們會預料對方是為了滿足歸屬感和自我尊重的行為。一位典型的學生，如果已感受到安全和愛的話，便會去尋求其他學生已經得到的東西——合格的成績、社會地位和一個值得去爭取的職業。如果一個學生已感到有所歸屬、已具有他人所有的東西，他就會無後顧之憂地去從事滿足自我尊重的需要。換言之，他的興趣已不僅僅在於去做他人在做的事情、去擁有他人所擁有的東西。他想要出類拔萃，完成一篇普通的論文已不能滿足他，他要使自己成為一個感到自豪的個人，他將為取得自我尊重感而努力。

一個具有自我尊重感的學生不那麼關心他人正在做什麼，他比較關心的是他自己在做什麼與怎樣做，他對自己從事的活動品質更加在意，而對個人批評非常敏感。如果一位教授對其論文評分不公正，他會去力爭，不會為了維持教授對自己的好感，而接受這個不公正的分數。另一方面，如果一個學生仍然在關切自己是否被他人所愛或需要時，就會常常在他人對自己的侮辱和貶低時忍氣吞聲，特別是當這種侮辱和貶低是來自於其地位優於自己的人。

一個瘋狂追求一位他所中意的女子之青年男子，會在她面前俯首稱臣；一個想得到好成績的學生，很可能願意做教師要他做的任何事情，而且從不和教師的意見相左。同學當中的一些人之滑稽言行也可能是為了博得他人的認可，主要是因為他用社會可接受的體面方式無法達到目的。

參 在社會生活中

當我們環顧生活的四周，我們會發現更多的人正在滿足馬斯洛階梯上的所有基本需要，但是很少有人達到階梯的最高層次——自我實現。許多人感受到安全，擁有許多傲人的財富，享有尊嚴，他們看上去志得意滿，但他們追求的是否就是這一切？有人回答說：「是的。」他們已經得到了社會所珍視且認為是重要的一切東西，因此，他們參加更多的俱樂部、買更高級的汽車、建造更氣派的房子，但他們卻像吃飽的牛那樣——已停止發展，也不再學習。

一、完全滿足感

個人在社會生活中需要保留些許成長的空間，避免完全的滿足感。人的本性似乎是這樣，只有當我們積極地追求、探索和試驗的時候，我們才會覺得自己的能力發揮得更好，生活得更幸福。在某種意義上，我們應該避免完全的滿足感。不管怎麼樣，當我們的基本需要得到滿足之後，我們就面臨著選擇，我們可以從此不再向前發展，也可以從滿足的頂端繼續向前發展，以達到自我實現。這樣一來，我們就有可能在高度個性化的、使人振奮的基礎上繼續發展與學習。

筆者發現，很難把「吃飽的牛」這個寓言對大學生解釋清楚。許多人認為，真正富裕且成功的人，已經達到了人類生存的最高水準；然而，有一位大學生多年來在富裕人家擔任家教，輔導他們的孩子學習，他最後得出的結論是，許多富裕人家的父母並不幸福，儘管他們有房子、豪華型轎車、遊艇和飛機。

例如：一個十多歲的孩子要求他的家教老師去跟他的富豪父親遊說，讓他在暑假到加油站工作；但父親立刻說，這辦不到；全家人在假期裡要乘遊艇去太平洋旅遊，而這小孩卻不想去，他想到加油站工作，他想要和其他同

學一樣，去做他們正在做的事情，去摸索、去學習，但他的父母親卻像吃飽
的牛，只有興趣去做一再重複的行為。

二、動機特定形式

從上述關於動機的討論中可以看出，更重要的一點是，從本質上來說，
所有人的需要是相同的。然而，人們學會用各種不同的方式來達到相同的目
標。為了更好地理解他人，我們必須研究他們用來滿足相同動機的各種特定
方式，總之，動機理論研究人們行為的理由，雖然所有行為都是有目的的，
但是，要把特定的動機和特定的行為一一聯繫起來，常常是很困難的。

主要的動機理論來自於人類思維的三個領域：宗教、哲學和心理學。宗
教和哲學的動機理論，包括：宿命論、猶太／基督教、理性主義、利己主
義、利他主義和享樂主義；心理學的動機理論，包括：精神分析論、行為主
義和人本主義。

有關動機的人本主義理論認為，動機層次不斷向自我實現和超越發展。
他們認為，所有動機依一定的層次排列，在較高層次的需要得到滿足以前，
必須先滿足基本需要。研究已向我們揭示了：

1. 動機在實際生活中，如何發生作用的某些原則。
2. 動機可能改變，動機不是總能被意識到。
3. 同一個動機可能以不同的方式被表現出來。
4. 幾個動機可能結合起來產生強大的行為。
5. 人類行為不一定是遵循需要層次。
6. 不是一定可以找到重要理由來解釋所有的行為。

【生|活|故|事】

一個人經濟

當「一個人經濟」成為趨勢時，社會上早就有少子化與人口結構老化的現象，這應該多少有互為因果的關係。到底「一個人經濟」是以什麼樣的方式，呈現在你我面前？早有一個預言家說過：「社會的基本構成單位是個體，而非家庭。」因為多年來的社會結構早就是小家庭的情形，加上年輕人不願意或沒有能力成家，造成不婚族愈來愈多，這是首要原因。

在消費市場上的商品或通路，也有許多是符合一個人經濟的情形，例如：到處林立的便利超商，讓一個人在生活上提供真正的「便利」，舉凡一個人的生活所需都可以在便利超商得到滿意的服務，一個人喝的咖啡、一個人吃的輕食，還有超商將店面擴大而且提供桌椅，讓單身或小家庭可以完全不用在家開伙。另外，小車、單人套房或是單人的旅行專案，都可以讓單身者的錢有地方可以花用。

如果我們再用心觀察最流行的網路購物，一個人在電腦螢幕前看到想要的東西，就可以敲打鍵盤、動動滑鼠，隨時下訂單，省掉往返購物地點的奔波勞累。當然，一個人經濟讓許多想要做生意的人，能夠在網路開起無實體店面的商店，利用便利的物流及宅配，以及愈來愈成熟與安全的付款機制，讓一個人經濟更加蓬勃發展。

不懂選擇，不會放棄

三個旅行者早上出門時，一個旅行者帶了一把傘，另一個旅行者拿了一根拐杖，第三個旅行者什麼也沒有拿。晚上歸來，拿傘的旅行者淋得渾身是水，拿拐杖的旅行者跌得滿身是傷，而第三個旅行者卻安然無恙。於是，第一個旅行者很納悶，問第三個旅行者：「你怎麼會沒有事呢？」

第三個旅行者沒有回答，而是問拿傘的旅行者：「你為什麼會淋濕而沒有摔傷呢？」

拿傘的旅行者說：「當大雨來的時候，我因為有傘，就大膽地在雨中走，卻不知怎麼淋濕了；當我走在泥濘的路上時，因為沒有拐杖，所以走得非常小心，專挑平穩的地方走，所以沒有摔傷。」

然後，他又問拿拐杖的旅行者：「你為什麼沒有淋濕而摔傷了呢？」

拿拐杖的旅行者說：「當大雨來臨的時候，我因為沒有帶雨傘，便只能找可以遮雨的地方走，所以沒有淋濕；當我走在泥濘的路上時，我便用拐杖行走，卻不知為什麼常常跌跤。」

第三個旅行者聽後笑笑說：「這就是為什麼你們拿傘的淋濕了，拿拐杖的跌傷了，而我卻安然無恙的原因。當大雨來時我躲著走，當路不好時我細心地走，所以我沒有淋濕也沒有跌傷。你們的失誤就在於你們憑藉自身的優勢，卻少了憂患意識。」

啟示：許多時候，我們不是因為自己的缺陷而跌倒，而是跌倒在自己的優勢上，因為缺陷常提醒我們，而優勢卻常常使我們忘記如何選擇與放棄。

思考問題

1. 動機的關鍵是什麼？請舉例說明之。

2. 請說明動機的重要性。

3. 人類的三個主要心理學觀點是什麼？

4. 試說明拉力理論與推力理論。

5. 動機的概念包含的四項意義是什麼？

6. 哈佛大學麥克萊倫教授對動機研究做過長期研究，請指出他的兩項重要發現。

7. 何謂需要？

8. 根據馬斯洛的需要牽涉到不同的五個層次，請舉列說明之。

9. 什麼是挫折忍耐力？

10. 請解釋何謂完全滿足感？

第九章

建立衡量外界的價值觀念：
態度的理解

第一節　態度的重要性

我們經常談論態度，例如：「我想去阿里山旅行一次，你認為怎麼樣？」、「這件事我非常不贊成」、「至於誰當選總統，我都無所謂」等；然而，在西方社會心理學的文獻中，關於態度的論題多數是人們對待其他民族的成員和集團所持的問題。我們的出發點，應該是透過態度的研究和實際運用，從個人的態度心理建設開始，然後解決社會中所存在的問題，並推動社會的現代化。

壹 態度的意義

態度在社會心理學研究中，是一個最古老、最重要的領域，其主要原因是這個問題具有極大的實用價值，例如：廣告就是讓人們形成對某一產品的態度；政治滿意度是測量人民對政府施政態度的肯定與否定等。1918 年，最早的研究人員湯姆士（William Isaac Thomas）等人曾說過：「社會心理學就是研究態度的科學。」雖然今天已沒有人會下這種結論，但這對理論研究者與實際工作者仍具有極大的吸引力。1968 年，心理學家威廉‧麥克基爾（William James McGill）曾說過，態度此一課題似乎具有巨大的內在動力，

以致於我們期望將來的研究會一如既往，並會達到一種高水準的狀態。

　　對於什麼是態度，社會心理學家的看法很不一致，有人作過統計，認為大約有三十多種不同的定義。其中，有三種基本的說法：

　　第一，最簡單的說法是：態度是一種情感評價的反應。持這種看法的是路易斯‧瑟斯頓（Louis Leon Thurstone），他強調的是一種主觀心理狀態，他認為，某個人對某個對象或問題的態度，就是他在情感上贊成或是不贊成這個問題或對象。換言之，態度是反應一個人對某特定人、事、物的評價，而這個評價是根據情感的基礎。

　　第二，另一種比較複雜的定義是由奧爾波特（Gordon W. Allport）所提出的。他認為，態度就是人們對某個對象或問題，以一定方式做出反應的準備狀態，強調的是行為傾向。換言之，態度是一個人準備對某一特定人、事、物採取行動的前置作業，然後決定採取適當的對策。

　　第三，認知心理學家認為，態度是認知、情感、意向成分的集合，或者說態度就是我們如何理解對象、感受對象與針對對象採取行動的一種混合物。換言之，態度是個人對特定對象的總評價，然而這個評價是建立在認知、情感以及意向的基礎上。這個定義最常被引用。

　　因此，我們可以說，態度是人們對待某個人、某種觀念、某個東西的心理傾向，它包括認知、情感和行為意向等成分。換句話說，我們的任何一種心理傾向，如果在某種程度上包括了認識、情感及意向的特點，那麼它就是一種態度。不過也有人把意向成分視為行為成分，金巴爾多（Philip George Zimbardo）等人曾指出，情感成分包括一個人對某物或某人的評價、愛好及情緒反應，認知成分被概括為一個人對此物或此人的信念或真實知識，行為成分則包括指向物或人的外顯行為。

 ## 認知成分

　　認知是態度的重要基礎。認知是指，個人知覺物體或他人的方式，即在

此人的大腦中形成心理映像的方式。態度的認知成分包括對於該物體或他人的所有思想、信念、知識和經驗的集合。人們常常把它看做是有理智的、合乎邏輯的對於事物之一種陳述，從這種敘述中，不僅表現出一個人對事物特性的了解，也表現出這個人對事物的好壞與是非之評價。當然，對於這種了解和評價可能是不正確的，也可能是片面的。

社會心理學家發現，態度的認知因素具有概括性、分化性和傳遞性的特點。概括性是指，把類似的事物按照一些特徵聯合起來加以認知；分化性是指，對於某一類事物的認知運用到各種事物上；傳遞性是指，對於某種事物的認知遷移到相關的事物上。這種認知因素的概括性、分化性和傳遞性也帶來態度的概括性、分化性和傳遞性，例如：某個人對蔬菜有一個好的態度，根據分化性，他對白菜、花椰菜、高麗菜等都有好的態度；根據概括性，他對含有豐富維他命C的新鮮水果和綠葉蔬菜都有好的態度；根據傳遞性，他對豆類製品、豆芽菜也有好的態度。因為認知成分具有分化性、概括性和傳遞性，所以它能夠成為態度的三個成分中最為活躍的一種因素。

人們透過學習和實踐，接受新知識，可以相對迅速地形成或改變對某種事物的態度。在社會上，一切經濟的、政治的、生活的各個方面的宣傳，絕大多數都是透過傳遞某種訊息，使人們形成某種認知，進而形成和改變態度。認知的重要性會隨著感情變化而改變，例如：某個人擔心提高白領階層的待遇，會拉大體力勞動者和腦力勞動者的差距，但是如果這種擔心被「沒有科學技術且也難以改善體力勞動者之物質生活」的更強烈擔心所壓倒，那麼此人會對知識教育轉而持積極態度。

不過，我們還必須注意，事情是複雜的，人的心理更為複雜，在變化多端的社會裡，某個人對知識教育將採取積極態度的時候，同時會有大量新的認知成分出現，假如這時候媒體報導一位只有小學畢業的人，因為投資眼光精準，在連鎖商店經營中獲得龐大的財富，而另一則新聞報導說，有許多大學畢業生因為害怕「畢業即失業」而故意延畢；那麼，他也可能看了這些新聞之後，而對加強知識教育，轉而持著消極態度。

　　態度的認知成分有時也會自相矛盾，而把態度弄得十分複雜，聽起來這似乎是不可能的事，但其實很常見，例如：某個人認為獲得高學歷是成功的不二條件，所以積極鼓勵兒子考上大學；但是，此人的兒子大學畢業後每月只有二、三萬元的薪水，而他兒子的朋友雖然考不上大學，但每個月卻可賺四、五萬元，他就覺得太不合理了。

 ## 感情成分

　　心理學的研究告訴我們，大多數人在態度形成的過程中，並沒有經過周密的推斷，態度似乎是直接地、簡單地形成的。因為心理傾向首先就是指一種簡化與一種概括，人們在面臨一件事情的時候，會無意識地認為：如果以前這件事的性質如此，那麼只要情形相似，就算只是表面上的相似，眼前這件事的性質也會如此。

　　大多數人在日常生活中表示自己的態度時不會這樣說：「經過反覆周密的考慮以後，我的態度是……」，而是說：「我不贊成，……」或「我完全同意……」等。人們常這樣說：「我不喜歡濃妝艷抹的人」、「留小鬍子真難看」、「我從來不看這類小說」。這些態度都是一些簡略的概括，它們並不表示複雜的理由，而僅僅反映強烈的情緒。有的心理學家指出，一旦這些人被證據說服，或情感發生改變，即使原來的理由被忘記，效果也將長期存在。

　　在日常生活中，我們經常看到感情比認知更為重要，兩個人得到相似或相同的訊息，而態度卻可能截然不同。在西方，贊成使用核能的人與反對使用核能的人，在辯論時往往使用同樣的事實，他們的態度卻取決於情緒，贊成者所擔心的是能源枯竭，強調核能廉價，而反對者則擔心會發生核能事故。有時我們和其他人發生了爭吵，彼此出言不遜，都氣得要命，而事後我們則感到自己太歇斯底里了，應該主動向對方道歉言和，但雖然有這種認知，一看到對方還是會生氣，最後還是轉頭而去，這就是情感情緒在做怪。

心理學家們認為，如果有些人對某一社會問題用錯了情緒，而另一些人僅有理性反應，感情沒有介入，那麼，前者會比後者的態度更為強烈，行動更加堅決。

有時雖遭到他人非難，我們仍傾向於堅持自己的態度，即使有新的資訊出現，我們也不大願意改變態度，例如：一個認為「女大當嫁」是理所當然的父親，他把因必須侍奉自己而不結婚的女兒看作例外，但是這仍不會改變他「生女不如生男好」的態度。當他在與他人談話時，也承認自己的女兒很孝順，但認為社會上像這樣的女兒不多，因此，他會勸那些只生了一個女兒的人，再多生一個男孩。從生理機制的角度來看，人的認識活動主要是在大腦中進行的，而情感情緒活動往往還引起內臟、肌肉的反應。有些情緒並不直接受到大腦皮層的控制，從這個角度來看，它對人的影響是多方面且深刻的，態度如紮根於情感之中，就會變得穩定和持久。

肆 價值和意見

在日常生活中，人們往往會把態度與有關概念相混淆，例如：與事實、價值（價值觀念）及意見相混淆。事實是人們所知覺的事物之各種情況，雖然某些事實有助於形成態度，但是事實卻不包括情感成分，如果某些事實被推翻，人們也就比較容易承認它的謬誤，例如：有的人斷定世界上不可能有兩個腦袋連在一起的人，他們會這樣說通常與個人利益並沒有什麼利害關係；但是如果真有一天，他們看到了雙頭人的照片，便會心甘情願地改變自己的看法。然而，事實可以與人的態度一致，也可以被態度所扭曲。由於態度的作用，有時甚至面對相反的證據，也會認為某種虛假的事實是真的，例如：前幾年德國所作的有關反猶太主義的一次民意測驗中，許多德國人認為，西德當時有二十萬猶太人；但事實上，當時的猶太人最多只有兩萬人。

態度不應該與事實相混淆，同樣地，態度也不應該被錯當成信念。信念就是把某個屬性歸於某一個對象的想法，例如：我們說民主制度對於社會發

展是好的，就是承認民主制度的優越性。信念與態度相比，更是立足於調查所得到的事實或推測得到的事實，而較少立足於情緒。價值是一種基本的原則，通常表現為一種道德或倫理的命題，例如：「不勞而獲是可恥」就是一種價值陳述。價值經常構成態度的基礎，「不勞而獲是可恥」這一價值，將構成如下多種態度陳述的基礎：必須嚴厲制裁盜竊國家財產的罪犯，或利用手中的權勢為自己謀私利的作法是犯罪的事情等。我們有許多種態度和信念，但僅有少數幾種價值。價值是基本的框架，我們的認知就是依靠它們建立起來的。

社會心理學家把意見定義為對某種態度、信念或價值的言語表示。意見與態度不一樣，因為它本身不需要包括情感成分，也不會有動作趨向，例如：有人會說，南水北引是個好主意，然而這僅僅是表達了他內心存在的某種事實而已。

第二節　態度的轉變

態度形成之後會比較持久，但也不是一成不變，它會隨著外界條件的變化而改變，進而形成新的態度。研究態度的轉變是十分重要的，它會隨著社會的進步與人類社會的相互依存性而日益顯得重要。在科學技術快速發展的今天，人和人的關係、團體和團體的關係、國家和國家的關係等，其中都是人們的態度在發生作用。態度是個人行為的基礎，如果人們的錯誤態度轉變的話，就可以消除一些偏見、歧視和隔閡，此有助於人際關係的和諧。

態度的轉變是指兩個方面：方向與強度。方向與強度互相有關係，從一個極端轉變到另一個極端，既是方向的轉變，又是強度的極度變化。個人態度的轉變應注意說服工作的方式與方法，而怎樣進行說服宣傳才能取得良好效果呢？社會心理學家作了大量實驗，歸納起來有以下幾項。

提供事實訊息

在進行說服宣傳時，宣傳者所提供的訊息必須真實不假，既不過分誇大，也不過分簡陋。過分誇大會使人產生懷疑感與不信任感，過分簡陋就不易引起人們充分重視。

有人將同一型號的汽車作了兩則廣告。第一則廣告說：這種車門的內把手太偏右了一點，用起來不順手，但除此之外，其他方面都很好；第二則廣告中則沒有這一條訊息，全都在講優點，結果顧客都相信第一則廣告。這說明了真實地介紹優缺點能獲得人們的信任，進而容易接受宣傳的內容而轉變其態度。

有一則有趣的案例：有一位台灣旅客攜帶被禁止的肉鬆罐頭進入美國，在入關之處，當被海關人員詢問是否有攜帶肉製品時，他趕快把一罐肉鬆拿出來，推說不知情，罐頭雖被沒收，但是海關人員認為該旅客「誠實」，而讓他輕易的通關，其實該旅客的其他行李中，則藏有更多的肉鬆罐頭，因而闖關成功。

雙方與單方宣傳

要轉變人們的態度，究竟應該宣傳正反兩方面的內容，或是只要指出所強調的內容，這就牽涉到雙方面宣傳和單方面宣傳何者有效的問題。日本社會心理學家原崗從 1967 年開始就以中學生為研究對象，採用了四個課題，進行單方面和雙方面兩種內容的宣傳，然後測定其態度轉變。結果顯示，單方面宣傳能引起受試者態度轉變的平均數為 0.83，而雙方面宣傳的結果平均數為 0.41，顯示了單方面宣傳的優越性。

分析以上結果顯示，單方面與雙方面宣傳對人們態度的轉變作用不是絕對的，應根據對象的特點有針對性地進行宣傳。當人們和宣傳者所提倡的方

向保持一致時，而且他們在這方面的知識經驗較為不足時，單方面宣傳比較合適；但當人們早已具備比較充分的知識經驗，而且習慣於思考與比較時，雙方面宣傳可以向他們提供更多訊息，以讓其權衡利弊得失。

目前許多的商業廣告幾乎都是單方面宣傳，從社會心理學的角度來看，對一些知識經驗豐富或教育程度較高的人來說，並不會發生多大作用。但確實也會使一些人相信，甚至有些商品廣告言過其實、過多誇大，仍然可以矇騙一些人。

參 逐步提出要求

社會心理學的研究顯示，要轉變一個人的態度就必須了解其原先的態度，然後再評估兩者的差距是否過於懸殊。若差距過大，或是操之過急，反而會發生反作用；如果能逐步提出要求，不斷縮小差距，才比較容易使人們能夠接受。

弗里曼（J. L. Freedman）曾做過一個對比實驗，受試對象為家庭主婦。首先向一組受試者提出一項要求，要求在她家門口掛一塊牌子，如果受試者同意了這項要求之後，再提出另一項要求，就是要求在她院子裡設立一個架子。而另一組受試者則同時被提出上述兩項要求。結果是，最初提出較小要求，後來再提出進一步要求的這種方法，比一開始就提出兩項要求，會比較容易使他人接受而轉變態度。

上述研究顯示，要求人們轉變態度時，應該分階段的逐步提出要求，不要急於獲得成果，欲速則不達。如果要求過高，不但難以改變原先的態度，反而會使對方更加堅持原來的立場，而持對立情緒。這種情況在日常生活中是經常會遇到的，例如：對於晚輩提出要求時，必須循序漸進，先提出其力所能及的要求，然後再逐步增加要求的內容，比較容易奏效。又例如：人們若突然聽到親人死亡時，由於沒有心理準備會一時無法接受，此時容易發生意外，因此必須逐步給予相關訊息。

團體約定

　　團體的公約、規則可以有效改變人們的態度。1940 年代，社會心理學家勒溫（Kurt Zadek Lewin）在這個問題上曾做了一系列的實驗。

　　其中一個實驗的對象是剛生孩子的產婦。當她們離院回家時，把產婦分為兩組，用兩種方式告知以下訊息：一種是透過醫生的個別勸說，告訴產婦為了嬰兒的健康，每天應該給孩子吃魚肝油和柳丁汁；另一種方式則是將醫院的規定發給孕婦，回家以後必須給孩子吃上述兩種食品。一個月以後進行了檢查，發現被醫院規定的產婦幾乎全都照辦，而被醫生個別勸說的產婦，卻只有部分人照辦。

　　上述的實驗說明了，團體規定比個別勸說有助於轉變人們的態度。轉變人們的思想，包括態度等，必須採用各種途徑。團體規定，對於人們執行那些基本的準則是必要的，例如：要求公民遵守國家法令、要求學生遵守校規等。團體規定之後，如果有人不遵守，就可以進行個別的勸說，雙管齊下，促使其態度發生轉變。

第三節　態度轉變的有效操作

　　態度轉變的有效操作，牽涉到下列四個項目：說服宣傳者的威信、態度轉變的個人因素、對態度改變的心理抗拒，以及積極參加活動。

壹　說服宣傳者的威信

　　要有效的說服被宣傳者，首先必須「說明」宣傳者的有效身分與權威，同時更要「證明」這個「說明」的事實與可靠性。

一、宣傳效果與宣傳者威信的關係

　　宣傳者有無威信，對於被宣傳者態度的轉變與否有很大的關係。哈夫蘭特（Carl Iver Hovland）的研究顯示，宣傳者本身的威信高，則其宣傳效果好，反之，宣傳者的威信不高，則其宣傳效果差。也就是說，被宣傳者的態度轉變與宣傳者的威信有直接關係，一般來說，宣傳者威信的高低與其效果是成正比的。但哈夫蘭特透過研究又指出，這種正比例關係只是發生在較短的時期內，時間一長，不管是有威信的宣傳者，還是無威信的宣傳者，兩者的宣傳效果都沒有多大差異。哈夫蘭特的研究顯示，有威信的宣傳者在宣傳之後，立即就具有很大的說服力，但幾星期後其優勢就逐漸消失；而威信低的宣傳者在宣傳之後過一段時期，宣傳效果可能會逐漸上升，因此最後兩者的宣傳效果幾乎相等。

　　上述情況在社會生活中確實是存在的。當人們獲知一個重要訊息，當時會情緒激動，紛紛表示要按照報告指出的方向與要求去行動，可是過了幾天，事過境遷，人們會逐漸淡忘。有時候被宣傳者接受了一般的宣傳，當時還看不出有多大效果，但過了一段時間後，人們的態度有可能會發生變化。這兩種情況可能對我們的工作有所啟發，當人們接受宣傳之後，情緒激昂時，必須打鐵趁熱，以促使其態度的轉變；當人們接受宣傳之後而無動於衷時，我們也不必操之過急，要耐心等待一段時期，幫助他們轉變態度。

二、證明宣傳者的威信

　　心理學家曾從三個方面研究宣傳者本身的威信：宣傳者的對人態度、專業水準、表述能力，說明如下：

　　1. 宣傳者的對人態度，包括以下幾項：

　　　公正－不公正；

　　　友好－不友好；

　　　誠懇－不誠懇。

這是可信性因素。

2. 宣傳者的專業水準，包括以下幾項：

有訓練－沒有訓練；

有經驗－沒有經驗；

有技術－沒有技術；

知識豐富－知識欠豐富。

這是專業性因素。

3. 宣傳者的表述能力，包括以下幾項：

勇敢－膽怯；

主動－被動；

語調堅定－語調軟弱；

精力充沛－疲倦乏力。

這是表達所能夠產生的效果。

研究指出，在上述三個方面中，以宣傳者的對人態度及專業水準為主要，表述能力相對來說就不太重要。

貳 態度轉變的個人因素

態度轉變也有個別差異，即使在同一情境內接受相同的宣傳，人們的反應也不會相同。有人容易轉變態度，有人則不容易，這與其本人的個性特點有關係。自尊心強的人一般對自己的評價會比較高一些，自尊心弱的人一般對自己的評價會比較低一些。前者不易被他人說服，後者則比較容易被他人說服。權威主義傾向是指，人們對權威過分尊敬與服從，權威主義傾向重的人容易被他人說服。

想像力豐富的人比較喜歡猜測宣傳者的意圖，對宣傳者將會帶來什麼獎勵或懲罰十分敏感，他們往往對宣傳內容不做客觀的評價，容易被說服。許多研究資料顯示，女子比男子容易被說服。就一般常識而言，智力水準高的

人似乎比智力水準低的人不容易接受宣傳及說服而轉變態度，因為智力水準高的人具有更多的批判力，知識經驗也較豐富些，比較善於辨別宣傳者所講的是否有道理？是否合乎邏輯？

有人研究發現，智力在不同情境下對態度的轉變有不同的作用，這是因為宣傳說服有兩種性質：(1)一種是強調要對方注意和了解情況是這樣的，而不是那樣的；(2)一種則是強調要對方相信要這樣做，而不要那樣做。前一種宣傳內容較複雜，意義較深奧，因此智力水準過低的人不易接受；後一種的宣傳內容意義簡單，缺乏說服力，因此智力水準高的人不易受影響。但如果可以滿足當時最大的需要、逃避最大的懲罰、獲得新知識，以及發揮最大的潛力時，就容易接受宣傳而轉變其態度。

總之，個人能否轉變其態度要看個人本身的心理狀態。個人如果能確實迫切的要求改變自己的現狀，則能改變態度，這就涉及到改變態度與其切身利益關係的大小，例如：有些學生或青年人的學習態度很差，若要求他們立即奮發圖強，他們一時也難以辦到，但當其認知到若不好好地學習，就不利於自己時，他們就會努力學習；如果他們知道學校畢業後，即使繼承父母的家庭事業也須經過專業考核，以及青年人晉級，其學歷是關鍵時，轉變其學習態度的可能性就會變得很大。也就是說，學習態度的轉變與個人的切身利益關係十分密切時，外在的因素就容易轉化為其轉變態度的動機，進而構成其參考要件，最後就能轉變學習態度。

參 對態度改變的心理抗拒

宣傳者進行宣傳時，也會發生事與願違的情況，也就是人們的態度會向相反方向變化，或仍持原來的態度，即所謂的逆反心理。人們發生對態度變化的抗拒有主客觀原因，說明如下。

一、主觀原因

　　產生心理上抗拒的主觀原因有哪些呢？有一種觀點認為，心理上的抗拒是個人感覺在某些方面享有自由行動的權力被剝奪時，自身激發出的一種動機狀態，目的是想要確保行動的自由，而這種自由對個人來說愈重要，則心理上的抗拒也就愈大。另外，如果個人能夠自由地決定自己的態度是否需要轉變，而其態度轉變對個人具有重要價值的話，則心理上的抗拒也會愈大，也就更難以產生態度的轉變。

　　產生心理上抗拒的另一主觀因素是人們由於好奇心的驅使，而產生了與宣傳意圖相反的效果。有些文學作品，本身有不少缺點，宣傳者的目的是想讓大家否定它們，於是提出種種禁止的辦法，但宣傳往往起了相反的作用。尤其是年輕人，他們單純天真，因此錯誤地認為愈是被否定、被禁止的東西，內容肯定是愈新奇、獨特、有魅力的，於是他們會千方百計的想要占有它、了解它。這是在電影、文學作品的宣傳中，比較普遍產生的一種副作用。

　　以上諸項主客觀原因的分析，對我們的宣傳工作可能有些啟發：一方面，我們的宣傳要實事求是，不要譁眾取寵，否則會引起人們的反感；另一方面，我們的宣傳要引導人們自己去辨別什麼是好的，什麼是不好的，也可以舉辦研討會，共同評價、相互切磋，這樣會收到較好的效果。

二、客觀原因

　　宣傳者的宣傳如果單純地為宣傳而宣傳，或是以命令的形式進行宣傳，要求人們不准這樣，不准那樣，那麼這樣的宣傳效果可能會適得其反。宣傳者的宣傳內容如果言過其實，或強調得太過分，則其效果也會不好。

　　過去曾有一個議題：什麼樣程度的恐懼心理最能轉變人們對抽菸的態度？實驗者設置了兩個實驗組：一是引起高度恐懼組，另一是引起中等程度恐懼組。給高度恐懼組受試者看一部彩色的科學教育片，電影介紹了一個菸癮極重，菸抽得很凶的人得了肺癌而接受手術的過程，讓受試者看到患者胸

腔中糜爛的肺；而中等程度恐懼組受試者在看這一部電影時，卻將上述鏡頭剪掉，受試者只看到患者肺部的 X 光片及醫生的口頭介紹。之後，再比較兩組受試者對抽菸態度改變的情形，結果顯示前者態度改變的人數少於後者，比率是 36.4 % 與 68.8 %。此一實驗顯示，不轉變態度的危害性強調得太過分，會引起對方很大的恐懼心理，其宣傳效果反而不好，會引起人們心理上的抵抗。

肆 積極參加活動

最後，要有效轉變一個人的態度，必須引導他們積極參與有關活動。在這方面，社會心理學家曾進行過一系列研究。曾經有一位教授做了一個實驗，受試者是大學一年級學生，他們原先都不信天主教，教授要求他們寫出支持天主教的文章，共分為四組：

第一組受試者寫文章時可以自由選擇材料。

第二組受試者必須按規定寫，不可自由選擇材料。

第三組受試者著重文章的內容。

第四組受試者著重文章的結構和語法。

這四組受試者寫好文章後，實驗者再詢問他們對天主教的態度，分析與比較他們原先的態度是否有發生轉變。結果發現，自由選擇材料組和注意文章內容組的受試者，有最多人轉變了原先的態度，他們變得相信天主教，而另外兩組的變化則不大。

上述實驗顯示，引導人們參加實際活動有助於改變其原來的態度。在現實生活中，也有正反兩方面的事例。對於體育運動抱持消極態度的人，與其口頭勸導，還不如直接帶他們去操場上跑一跑，往往容易使其態度發生轉變。有人本來不喜歡抽菸、不贊成賭博，後來在他人的建議下抽了第一支菸，或被帶進賭場去，由於好奇心的驅使也去賭上一兩次，最後也可能轉變他們原先的態度。

【生|活|故|事】

一流鞋匠、二流總統

美國總統林肯（Abraham Lincoln），在他當選總統的那一刻，整個參議院的議員都感到很尷尬，因為林肯的父親是個鞋匠。

當時美國的參議員大部分都出身名門望族，自認為是上流、優越的人，從未想到要面對的總統是一個卑微的鞋匠兒子。

於是，當林肯站上演講台的時候，有一位態度傲慢的參議員站起來說：「林肯先生，在你開始演講之前，我希望你記住，你是一個鞋匠的兒子。」

所有的參議員都大笑起來，為自己雖然不能打敗林肯，但能羞辱他而開懷不已。

等到大家的笑聲停止，林肯說：「我非常感激你使我想起我的父親。他已經過世了，我一定會永遠記住你的忠告，我永遠是鞋匠的兒子，因為我知道我做總統永遠無法像我父親做鞋匠做得那麼好」。

參議院陷入一片安靜。此時，林肯對那個傲慢的參議員說：「就我所知，我父親以前也為你的家人做過鞋子，如果你的鞋子不合腳，我可以幫你改正它，雖然我不是偉大的鞋匠，但我從小就跟父親學到了做鞋子的技術。」

然後他對所有的參議員說：「對參議院裡的任何人都一樣，如果你們穿的那雙鞋是我父親做的，而它們需要修理或改善，我一定盡可能幫忙。但是有一件事是可以確定的，我無法像他那麼偉大，他的手藝無人能比。」說到這裡，林肯流下了眼淚，所有的嘲笑聲全部化成了讚美的掌聲。

林肯沒有成為偉大的鞋匠，但成為偉大的總統。他偉大的特質，正是他永遠不忘記自己是鞋匠的兒子，並以此為榮。

啟示：出身的高低並非衡量一個人成功與否的標準，關鍵是在於我們對於自己出身的態度，也就是對於過去的態度。不要忘記，我們的現在正是在我們的過去中孕育的，否定過去，就等於否定現在；而肯定過去，我們也就能肯定現在的自己！

思考問題

1. 何謂「態度」的三種基本說法。

2. 請說明態度與認知的關係。

3. 請說明態度的感情成分。

4. 請說明事實與態度的關係。

5. 為何提供事實訊息的宣傳比較有效？

6. 請說明雙方面與單方面宣傳的差異。

7. 為何逐步提出要求，比較容易使人們能夠接受？

8. 為何團體的公約、規則可以有效地改變人們的態度？

9. 請說明宣傳效果與宣傳者威信的關係。

10. 請說明態度轉變的個人因素。

11. 請說明對態度改變的心理抗拒。

12. 為何積極參加活動可以有效轉變一個人的態度？

第十章

建構情感管理的有效機制：
情緒的理解

第一節 情緒的重要性

　　有關情緒的議題，有些人認為，最好的方法是設法知道人們在想什麼和怎麼想；另一些人則認為，理解他人的最好方法是觀察他們的行為。本章將提出下述觀點：知道人們的情緒能幫助我們理解自己及理解他人。

　　情緒就如空氣一樣包圍著我們，無論我們做什麼、學什麼、想什麼，都伴隨著情緒。情緒有時狂暴得能衝垮一切，有時卻很微妙，我們幾乎都察覺不出它們的存在。情緒如果表現不完全，將會剝奪人類最寶貴的必要特性，如果這種情緒表現不全的現象蔓延開來，就會造成一個「機器人」社會。社會上精神疾病的基本形式——精神分裂症，實質上就是情緒表現與行為的分離，或者是情緒表現的缺欠。

　　歷史上充滿著許多暴君，例如：德國的希特勒（Adolf Hitler）、羅馬的克勞迪斯皇帝（Claudius）、英格蘭的亨利八世（Henry VIII）等人。他們表現出積極情緒的嚴重喪失，以致於做出令人髮指的野蠻行徑。如果我們把行為比作是人的骨骼，那麼動機和情緒就是肌肉，從這個比喻即可看出情緒的重要意義。

情緒的重要性

　　情緒在使人際關係變得和諧歡樂或痛苦悲哀方面具有關鍵作用；情緒也使我們變得對自然界高度敏感，與他人能有效地進行交流；情緒更會影響我們的身體狀況。由於情緒反應和表達是學習而得的，若我們能夠學會如何把有害的情緒模式變得有利，那將有助於發展我們的自我實現，我們也就能學會如何表達更多情緒的方法。學校開設心理學課程的一個目的，就是幫助學生更容易表達情緒。

　　有些人常常會發生喪失或脫離表達情緒能力的現象。有時候，許多人似乎會忘記如何為自己、為他人去哭、去笑、去表達真實的情緒。感受和表達情緒的能力是與生俱來的，例如：嬰兒受到驚嚇或受傷時就會哭，其弱小的心臟會開始急速跳動，做出憤怒的反應；年紀再大一點，如果受到愛撫，他就會笑，並且常常就能安心入睡。

　　若不受到任何刺激，嬰兒似乎就會喪失了感受和表達情緒的能力。斯畢茨（René Spitz）於 1945 年的研究發現，沒有受到過撫愛的嬰兒就有如「傻子」，再愛他、親他，也不會產生任何方式的反應。這種嬰兒即使成人以後也不能感受真實的情緒，他們會表現出假的情緒，就如演戲一樣，但在其手勢和話語的背後並沒有真實情感。

 情緒的認識

　　情緒是客觀事物是否符合人的需要而產生的態度體驗。人在活動與認識活動中，既表現出對事物的態度，同時也表現出對事物的情緒。情緒總是由某種刺激所引起的，自然環境、社會環境，以及人的本身都有可能成為情緒刺激。當然，同樣的外界刺激未必會產生相同的情緒狀態。情緒有時也與人的動機有關。當人們處於某種情緒狀態時，個人是可以感覺得到的，而且這

種情緒狀態是主觀的。

　　一定的情緒狀態總是伴有內臟器官、內分泌腺或神經系統的生理變化，當事人通常是無法控制的。人的情緒總是會透過臉部表情、身體姿勢和言語聲調表現出來，其中臉部表情最能表現一個人的情緒狀態。關於情緒的理論很多，最早嘗試描述情緒生理學的是美國心理學家詹姆斯（William James）和丹麥生理學家蘭格（Carl Lange）。他們認為，情緒就是對個體變化的知覺，例如：快樂是因為笑、傷心是因為哭、恐懼是因為顫慄等。也就是說，情緒並不是由外在刺激所引起，而是由身體上生理的變化所引起的。

　　詹姆斯—蘭格的理論提出個體變化對情緒的影響，這是其合理的一面，但他們忽略了中樞神經系統對情緒的調節與控制作用，否認了人的態度對情緒的決定意義，而引起心理學界的一些爭論。首先反對詹姆斯—蘭格情緒理論的是美國生理學家坎農（W. B. Cannon）和弟子巴德（P. Bard）。他們認為，根據生理的改變很難分辨各種不同的情緒，因為個體在各種情緒狀態下，其生理變化並無太大差異，例如：人們在恐懼時會心跳，激動時也會心跳，那麼又如何僅憑心跳去分辨何者是恐懼？何者是激動呢？因此，情緒經驗的產生，並不在生理變化之後。事實上，兩者是同時發生的。

　　坎農—巴德情緒理論強調，大腦皮質解除丘腦抑制的機制，其意義在於把詹姆斯—蘭格對情緒的外周性研究推向對情緒中樞機制的研究，但他們過分強調丘腦在情緒中的作用，而忽視了大腦皮質對情緒的作用，這也是不正確的。現代心理學家的研究顯示，情緒的發生受到三種條件的制約：環境事件（刺激因素）、生理狀態（生理因素），以及認知過程，其中認知因素是決定情緒的關鍵因素。1962 年，美國心理學家沙赫特（Stanley Schachter）和辛格（J. E. Singer）指出，個人對其生理變化與刺激性質兩方面的認知，都是形成情緒經驗的原因，而當事人對自己的認知解釋是產生情緒的主要原因。

　　人的情緒表現有許多種方式。根據情緒發生的強度、緊張度和持續性，我們可以把情緒狀態分為心境、激情和壓力。心境是一種比較微弱的、持久

的、影響人的整個精神活動之情緒狀態，它具有瀰散性的特點。當一個人處於某種心境中，往往會以同樣的情緒看待一切事物；心情愉快的時候，看到任何事情都會覺得很順利，然而心情不愉快的時候，看到任何事情都會覺得不順眼。一般來說，心境持續的時間較長，從幾個小時到幾週、幾個月或者更長時間，主要取決於心境的各種刺激特點與每個人的個性差異。引起心境變化的原因是多方面的，例如：工作的成就、人際關係的變化、生活的起伏、個人的健康、自然環境的變化，以及對過去生活的回憶等。每個人都有自己獨特的、穩定的心境，積極良好的心境會使人振奮、提高效率，有益健康；消極不良的心境，會使人頹喪、降低活動效率，有損健康。

激情是一種強烈的、短暫的、失去自我控制力的情緒狀態，具有爆發性。它是由具有重大意義的強烈刺激與發生對立意向衝突，而過度抑制或興奮所引起的。在激情狀態下，自我捲入的程度會很深，容易失去身心平衡的狀態，伴有明顯的生理和身體方面的變化。激情狀態不同，自我控制力喪失的程度也不同。在激情發生的初始階段，人還是具有自我控制力。激情有積極和消極之分，積極的激情會成為激發人們正確行動的巨大動力，而消極的激情常常對個體的活動具有抑制作用，或者引起過分的衝動，做出不適當的行為。

壓力是因出乎意料之外的緊迫情況，所引起的急速而高度緊張之情緒狀態，例如：當人們遇到突然發生的火災、水災、地震等自然災害時，人的身心剎那間都會處於高度緊張的狀態之中，此時的情緒體驗就是「壓力」狀態。在壓力狀態中，會要求人們迅速地判斷情況，瞬間做出選擇，此時還會引起個體一系列明顯的生理變化。所以，適當的壓力狀態可以提高活動效率，但過度或長期處於壓力狀態之中，會過多地消耗體內能量，以致於引起疾病，甚至導致死亡。在壓力狀態下，人可能有兩種表現：

1. 急中生智、當機立斷，擺脫困境。

2. 束手無策、手忙腳亂，陷入困境。

究竟會出現何種行為反應，則與每個人的個性特徵、知識經驗，以及意

志品質等密切相關。

 早期的經驗

每一個人由於成長背景的差異，導致個人早期經驗的不同，甚至由於個人童年遭遇的幸福與不幸，也會讓個人在回顧過去時，會有「選擇性」回憶。下面是幾個敘述過去經驗的基本例子：

> 「我所能記起的最早兒童期的經歷是那次我幫媽媽烘烤麵包，真好玩！我也記得我用蠟筆把牆壁畫得滿滿都是圖案時，母親生氣的模樣。」

> 「那一次我和家人一起到父親朋友的山上別墅度假，我們打算在那裡住個幾天。不過，當姐姐在浴室裡發現許多隻蟑螂，媽媽在廚房裡發現螞蟻窩，而我在屋簷下看見一窩小鳥之後，我們就立即飛奔離開那個地方。」

> 「我記得有一次在電影院裡面走失了。那時我出去買飲料，原想一定能找到原來的座位。可是當我想在黑暗中找到原來的座位時，卻再也找不到，當時我害怕極了，那是一種絕對的孤獨和怕被遺棄的感覺。後來，一位工作人員發現我到處亂跑，就幫我找到媽媽的座位邊時，那是多麼幸福的一刻！」

從這些例子可以看到，我們過去和現在的情緒具有使我們的生活有趣、興奮或深刻記住我們、完全取代我們全部行為的潛在能力，這些是成就個人情緒發展的基礎，確定會影響個人未來的關鍵因素。

第二節　人類的情緒發展

　　從古希臘到現在，理智或理性被認為是人性中光輝的觀點一直是主流的觀點，「我思故我在」的哲學命題成為研究成功人生的理論前提。在此前提之下的結論是，人類可以按照理性的方式來戰勝生活，而感覺或情緒，只不過是困擾生活的因素罷了！

　　隨著心理學的發展和成功學的研究，我們發現：在人的成長過程中，情商（EQ）比智商（IQ）更具有重要的作用。高智商者富有進取心而且創造力較強，但他們往往不善於表達和控制自己的情緒，因而很可能是冷漠、易怒或神經質的。而情商高者，善於表達和控制自己的情緒，有良好的心理狀態和融洽的人際關係，進而能夠更成功地應付生活的各項考驗與衝擊。由於社會生活的複雜化，人與人的關係、物質與精神的關係也日益複雜，而情緒在人們的社會生活中，又經常處於極為敏感的地位。於是，人們在實際生活中，便日益存在於被情緒影響的混亂狀態，而希望能走出情緒迷途，也希望在對於情緒的理智把握中，能更主動、更自覺地投身於日常生活與日新月異的工作挑戰中。

壹　情緒與生活

　　人生需要有生活的藝術，而所謂生活的藝術就是駕馭情緒的藝術。每個人的情緒都會時好時壞，但這並不意味著我們應該壓抑所有的這些情緒反應。我們的生活離不開情緒，它是我們對外在世界正常的心理反應，我們必須做的只是不能讓自己被情緒所束縛，不能讓消極的心境影響我們的生活，學會控制情緒是我們成功和快樂的要訣。實際上，沒有任何東西比我們的情緒，也就是我們心理的感覺，更能影響我們的生活了。

情緒可以影響和調節人的認知過程。它能幫助人們選擇訊息與環境的適應，並改變行為去適應環境。我們會經常感覺到，在心情好的狀態下工作時，思維敏捷，能迅速解決問題；而心情低落或鬱悶時，則思路遲緩，無法創新。突然出現的強烈情緒，會驟然截斷正在進行的思維過程；持久而熱情的情緒，則能激發無限的能量去完成任務。所以，情緒是我們工作是否順利、生活是否適宜的及時反應和信號，我們應當像注意天氣預報的氣溫變化一樣，注意我們的情緒和心境變化，以我們的人格力量去預測它的影響而適應環境。心理學家沙赫特（Stanley Schachte）等人在 1962 年做過這樣一個有趣的實驗，他把大學生分為三組，各組受試者都同樣接受腎上腺素的注射（但是不告訴他們藥物名稱）。注射後，告知第一組藥物效應的正確資料，並告訴他們會產生心悸、手顫、臉部發熱等現象；而給予第二組藥物效應的錯誤資料，並告訴受試者注射後身上會發癢，手腳會有點發麻，但並無興奮作用；對第三組則不做任何說明。

　　之後，讓三組受試者分別進入兩種實驗性的刺激情境：一是令人生氣的情境（如強迫回答一些繁瑣的問題，加上吹毛求疵，亂加指責的情境），另一則是輕鬆愉快的情境（如請人做滑稽表演）。結果發現，雖然三組受試者都因藥物激起同樣的生理變化，並處於同樣的兩種刺激情境中，但第二組與第三組受試者大多感到或表現出更加愉快或憤怒的情緒，而第一組受試者由於已經預知藥物的效應，則沒有顯示出愉快或憤怒的情緒。由此可見，一個人對自己狀態的認知是駕馭情緒的基礎。

　　在現實生活中，並不是每一個人都能了解自己面對一件事實的真實感受，而無法認清自己的情緒。因為大多數的情緒活動都是無意識的，不是所有感覺都會達到意識層面。但是，一旦這種反應上升到意識層面，人們便會對發生的事情重新進行評估，拋開不愉快的情緒，而換上輕鬆的心情。

　　舉個例子來說：有一個老太太，她有兩個兒子。大兒子開洗車場，小兒子賣雨傘。晴天時，她憂慮小兒子的雨傘賣不出去，雨天時就擔心大兒子洗車場沒有人願意洗車。久而久之，就生病了。有一天，一位得知其病因的算

命先生來看她，對她說：「老太太，妳的命真好啊！晴天大兒子生意好，雨天小兒子生意好，晴天雨天都好。」老太太豁然開朗，從此不再發愁，不但身體好，而且兩個兒子的生意都很好。其實，算命先生並非有先見之明，但他善於使用辯證的觀點，去化解人們無意識層的消極情緒。實際上，透過有意識的努力，我們每個人都能辯識自己的情緒，以便走過惡劣情緒的困境。

貳 情緒與人際

　　情緒是人類社會生活與人際交往中，不可或缺的一個重要環節，它可以透過表情的展示，達到人們相互了解、彼此共鳴的目的，它為人建立相互依戀的關係，培養友誼，以十分微妙的表情動作傳遞著交際的訊息。事實上，人與社會之間和人際之間的關係，都可以透過情緒反映出來，例如：愛和恨、快樂和悲傷、期望和失望、羨慕和忌妒等，情緒和語言一起或情緒單獨本身調節著人際行為。

　　對於現代人來說，知識訊息量的快速增長，工作和生活節奏也加快，人們的心理負荷亦隨之加重，容易產生緊迫感、壓力感和焦慮感，不順心如意的事情也會增多，如果處理不好，心理容易失衡，不但不能建立和諧的人際關係，嚴重者可能會因情緒而犯錯。在憤怒時，人會變得毫無寬恕能力，甚至不可理喻，心裡只圍繞著報復打轉，根本不計任何後果。科學家們已經發現，經常發怒和充滿敵意的人更可能罹患心臟病。所以，學會控制情緒是每個人生活中一件生死攸關的大事。

　　調節消極情緒最有效的方法之一便是宣洩，也就是疏導。透過這種方法將內心不良的情緒表達出來，往往可以減輕情緒反應的強度，縮短情緒發作的時間，進而較快恢復到好的情緒。我們有時不妨痛哭一場，在哭過之後，心情會感覺暢快許多；我們也可以將內心不好的感覺向他人傾訴，以獲得勸告、安慰和同情；我們也可以利用運動來舒緩自己的情緒，這會讓我們在不知不覺中疏解自己的不快。當然，寫日記、寫信等也具有宣洩作用。

轉移也是一種有效控制情緒的方法，例如：煩悶時找朋友聊聊天，或做一些自己感興趣的事，或回想以前讓自己感到愉快和高興的事情等，也可以使不良的負面情緒得以減輕。透過自我暗示提醒自己，善於用理智來控制情緒，也是一種有效的控制情緒方法，這類似所謂的「三思而後行」。據說德國軍隊曾有過一條紀律，就是當內部發生嚴重衝突時，當天誰也不許再提起這件事，一定要等到第二天再說。第二天早晨醒來，人的火氣就會小了許多，頭腦也冷靜，此時就有很大的機會能夠用理智思考出解決的辦法，這是一種符合心理規律的規定。

　　當人類社會已經步入二十一世紀之際，知識經濟時代是瞬息萬變的時代，高節奏、高科技、高風險、高競爭和高壓力給人帶來的不僅僅是成功的機遇，同時伴有失敗帶來的挫折感，這是產生消極的不良情緒之最直接因素。學會察覺自己的不良情緒，並努力加以調節，將消極情緒轉為積極情緒，那就可以成為激發我們熱情、幹勁和信心的動力，會為我們的事業、生活帶來意想不到的效果。

參 情緒與挫折

　　人的一生不可能都是一帆風順，因此遭遇挫折是不可避免的。一個人在日常生活中發生的重要改變，會使人產生壓力，進而形成負面情緒，例如：失業、親人的去世、生病等。有時生活中的一些瑣事，日積月累後，也會給人帶來壓力，而產生消極情緒，例如：家庭經濟的拮据、工作待遇不好、居家噪音太大、工作太忙、空氣污染、鄰居相處不融洽等。

　　如何從挫折造成的困境中逃離出來？善待自我、分析挫折的原因，以及樂觀生活，都是逃離挫折的有效途徑。

　　寬容是化解不良情緒的最佳良藥。一個人應具有包容能力，在面臨挫折時，要能沉得住氣，不生氣、鎮定自如，這樣才能理智地對抗挫折，例如：某一個企業為了增加集團的競爭力，從別的公司挖角，當這個新來的人初到

公司時，原本的舊職員就等著看這位新人出錯，並偶而冷嘲熱諷一番，但新人毫不在意，帶領舊職員將計畫一步步地完成，讓老闆及其他職員刮目相看；如果一開始這位新人在面對舊職員的不友善言行時，跟他們產生心結，這樣如何有辦法達成任務呢？

在日常生活中，當沒有交情的對手出於內心的不平，在背後說壞話或惡意中傷時，此時我們會全面反擊，還是寬容以對？當我們最要好的朋友，無意或有意間做了一個讓自己傷心的事，此時是會與之絕交，還是寬容面對？冷靜地想一想，還是寬容為上，並清楚的了解原因。一個善於寬恕他人的人，心理上便會經過一次巨大的轉變和淨化過程，使人際關係出現新的轉機，諸多憂愁和煩惱更得以避免或消除。

當然，寬容絕不是毫無原則的寬大無邊，也不是對現實的無可奈何與軟弱，而是一種「大事講原則，小事論風格」的態度。在短暫的生命里程中，意味著我們如果要更快樂，就要學會善待自己，別跟自己過不去。在當今社會中，競爭日益激烈，人人都想在競爭中擊敗對手，但是每一個人各有所長、各有所短，如果爭強好勝失去了一定限度，往往受到身外之物所累，失去做人的樂趣。只有承認自己在某些方面不在行，才能左右逢源，也不會因為嫉妒之心而蒙蔽心中的善良。

在現實中，某些人往往會將自己的消極情緒和思想等同於現實本身。其實，我們周邊的環境從本質上來看是中性的，是我們給它們加上了積極或消極的價值，其問題的關鍵是我們傾向選擇哪一種？

曾經有一位心理學家做了一個有趣的實驗，他將同一張卡通漫畫顯示給兩組受試者觀看，其中一組人被要求用牙齒咬著一支鋼筆，這個模樣就仿佛在微笑一樣；另一組人則必須將鋼筆用嘴唇銜著，顯然這樣會使他們難以露出笑容。結果，前一組比後一組受試者認為漫畫更好笑。這個實驗顯示，我們的心情不同往往不是由於事物本身所引起的，而是取決於我們看待事物的不同態度。

安徒生（Hans Christian Andersen）童話裡有一篇〈老頭子做的事總是對

的〉的故事：

> 有一位紳士整天煩惱憂慮，他問農夫為什麼會那麼快樂，無憂無慮。農夫說因為不管發生什麼事，我老婆總說我做得對，做得好，所以我沒有煩惱、心情愉快。這位紳士不相信，就和農夫打賭，讓農夫做最荒唐的事：讓他把家中的馬牽到市場去換了一頭羊，此時他老婆高興地說：老伴你真聰明，這一下我們能喝羊奶了。農夫又把羊換成雞，最後用雞換了一籃爛蘋果。農夫的老婆總能為農夫的行為找到高興的理由。最後，紳士只得認輸，付了一大筆錢。這時候她說：「你看，老頭子做的事不會錯吧！」

許多專家認為，當一個人遭遇挫折後，與大自然親近有助於心情愉快開朗。有一位著名歌手說：「每當我心情沮喪、憂鬱時，我便去從事園藝工作，在與那些花草樹木接觸後，我的不快之感也就消失無蹤了。」

假如我們沒有時間到戶外去活動，那麼即使走到窗前看一下盆栽或是道路邊的青草綠樹，也會對我們的心情有所益處。密西根大學（University of Michigan）心理學家史蒂芬·凱普勒（Stephen Kepler）做過一個實驗，他分別讓兩組人員在不同的環境中工作，一組的辦公室靠近花園，另一組的辦公室則位於一個喧鬧的停車場旁邊。結果發現，前者比後者對工作的熱情更高，更少出現不愉快的心境，其效率也高得多。總之，挫折是生活的一個組成部分，每個人都會遇到，不是大的困難，就是小的麻煩。雖然不喜歡它，但又躲不開，所以我們應該正確的對待挫折，勇敢面對它。

第三節　情緒的有效運用

上述已經討論了情緒發展的一些方式，以及情緒如何影響我們的行為。現在讓我們看一下，這些與作為一個獨特、有發展、有感覺的人有什麼關

係？最能有助於我們更好地生活的方法之一，就是思考一下自己的情緒生活，然後幫自己的情緒變化列一張表。

壹 情緒的改善

如果我們對自己目前的情緒行為以及這些情緒產生的原因，有了更深的理解，那現在就可以由自己來確定是否有某些情緒模式在干擾我們的生活，特別是干擾自己和他人的相互關係。

上述已經做了一些建議，以幫助我們應付消極情緒和發展積極情緒的方法。這些建議可能不適合自己的個人情況，所以我們必須在各種不同的情境裡進行試驗，來找到能幫助自己建設性地宣洩情緒的方法。這裡所討論的事情又回到向自我實現發展的問題上。自我實現型的人似乎最能建設性地利用自己的情緒潛力。有一位心理學家說：

> 健康人格的標誌是能自由地感受情緒和控制情緒表達。一個具有健康人格的個人，能感受焦慮、害怕、憤怒、內疚、溫柔、哀愁、溫情、熱情、笑、厭倦和沮喪，只要實際生活情境觸發了這些情緒。既然他願意有效地與現實接觸，他的情緒反應和情景之間的適應率是很高的。既然他有約束自己行為的能力，他在必要時就會恰當地表達自己的情緒，或者不讓這些情緒表達出來。

雖然人們在日常生活情境中，是以常規方式行動的，他們的行為在別的不同生活情境中可能會有很大的改變，例如：參觀精神病院的人之典型反應是：

這些人的行為不是很正常嗎？

他們怎麼被看作是精神病患者呢？

這些問題的答覆：是的，差不多所有的病患都已學會了在醫院中的常規行動方式。然而，精神病患者一旦面對日常生活的正常壓力，卻會很容易地

流露出怪異的言行與情緒反應，而這些言行和情緒反應本身會揭露其精神問題的性質。因此，情緒反應提供了使我們更好地互相了解的重要關鍵，例如：某個孩子向正在工作的父親請求幫助，期待父親對自己的真誠請求做出積極的情緒反應。然而，父親卻大發脾氣。事後，父親的情緒轉好（情緒宣洩），向孩子道歉（內疚），並幫助孩子。

這個孩子是轉移的消極情緒受害者。白天，這位父親不敢將因工作而累積的攻擊性情緒向自己的同事或上司發洩，他就選擇一個不重要的人物——自己的孩子，來做為發洩不良情緒的對象。我們大家都體會過這種轉移的情緒，特別是來自於我們親近的人所轉移的情緒。把情緒轉移到我們所愛的人身上通常是比較安全的，因為他們可能會原諒我們。一個孩子若對父母耍脾氣說：「討厭」，通常說明了他知道他們愛他。一位體貼的妻子會常常接受丈夫的轉移情緒發作，因為她知道，精神發洩對丈夫的精神健康是有益的。

轉移情緒的危險在於這個過程是否會變得太頻繁、太過分，以致於這種轉移敵意的承受者可能會感到太大壓力，例如：筆者在分析一樁離婚案的根本問題時發現，這位妻子是嚴重的轉移怒氣與敵意的受害者，她的忍受已達極限且不能再忍受下去了，其解決辦法是設法消除她丈夫的敵意起因。筆者最後勸該丈夫關閉一家惹他心煩的店舖，這對夫婦因此結束了一個惡性循環，而挽救了快要破碎的婚姻。歡樂和愉快正如憤怒和敵意一樣具有傳染作用，一個具有熱情的人會使其積極的、有益的情緒更強烈；一個滿懷歡樂和熱情的教師會把這些情緒散發給自己的學生；一位事業成功的丈夫會感到自己的妻子和孩子也是成功的。

只要我們做了使他人感到自身重要、被愛和被需要的任何事情，都會引起他們對待我們的行為發生變化，而使我們得到回報。一位僱主誇讚自己的僱員做得很好，於是他會很快發現他們做得更好了；快樂的、有尊嚴的父母也會教養出快樂的、有尊嚴的孩子。換句話說，我們在相互關係中表達出來的情緒種類，部分決定了社會情境中的情緒氣氛，包括積極的或消極的情緒氣氛。對使人不舒服的生活情境之逃避，常常是透過對以往的痛苦經歷相似

的情境所產生的情緒之否定來實現的。

　　大學生常常對自己的異性朋友實行情緒隔離的問題，這是可以理解的，因為戀愛中的情緒是強烈而持久的。「愛情使人不顧一切」這句話有一定道理，愛是需要用心去愛的，誰願意讓自己的心和夢一起反覆地被揉碎呢？幫助他人克服情緒隔離的方法，是對他們施以長期的無條件關心和愛。由於他們以往的消極經歷，這可能需要幾個月，甚至於一年的時間。受到情緒傷害的人必須得到這種傷害不會再發生的保證，這種人往往透過以牙還牙，或者從不以愛和關心來回報他人的辦法，來測試他人的誠意。他們一旦覺得可以再信任他人時，就會克服情緒隔離。當然，預防遠勝於治療，因為要找到一個具有愛和耐心來幫助他人克服情緒隔離的人，是需要運氣但又太難得的機遇了。我們曾見到過許多人在學校、診所或醫院裡，都沒能得到這方面的幫助，這是因為校方或院方沒有人有時間給予一個病人所需要的東西：愛和關心。

貳 改善社會角色

　　從社會學、心理學和經濟學的角度來看，我們的世界正在愈變愈小。這個事實更使我們確信，我們與不同於我們的社會之人相互交往的情形，將會愈來愈頻繁。隨著我們的社會、經濟和教育地位的提升，隨著與不同的種族、宗教和民族的交往之增加，我們必須準備學會扮演新的社會角色。

　　學會扮演新的社會角色之一個重要組成部分，是理解不同的情緒氣氛。在某些團體裡，如果我們想要真正被接受，表達情緒時不能單靠說一聲：「又見到你，我真高興。」而必須還要擁抱對方或熱情地緊握對方的手。但某些團體卻討厭把身體的接觸做為表達情緒的動作，甚至和他們講話時，靠得太近通常都會促使他們稍微退後。

　　在某些社會組織和宗教團體中有一些莊嚴的儀式，在這些儀式上需要適當的情緒表達，在這些場合中，我們就得入境隨俗，表達出合宜的情緒。這

種情況下的假裝是尊重他人，而不是虛偽的動作。當我們開始理解這些儀式的意義時，我們就能學會真正地和他們表現出相同的情緒，例如：觀賞棒球比賽時，我們的情緒表達可以支持某一隊（通常是地主隊），反對另一隊，這是可以理解的。但在看鬥牛時，通常會要求我們向鬥牛士歡呼，因為他象徵生命，而牛象徵死亡；所以，若有人為牛而歡呼，那麼在世界上的某些地區，他的情緒表達會被認為是不合宜的。

有人說，情緒是人們保留下來能超越種族、膚色、信仰和語言而相互交流的少數幾種通用語言之一，例如：笑是在任何語言中都能被理解的；一個憤怒或害怕的神色與表情，在世界上絕大多數人中間也是普遍地能被理解的。而人類的情緒反應是能消除把人類分割開來、人們認知上的巨大差異之手段。不同團體的人能學會表達相同情緒的不同方式，知道這個事實能減輕籠罩在某些種族和少數民族周圍的神秘和偏見之氣氛，因為這是他們所學習的表達某種情緒的特定方式，而不是他們的愚蠢或無知。

總之，情緒能導致更好地交流與理解不訴諸於文字的偉大語言。積極情緒，例如：愛、歡樂和幽默等，有助於我們更高程度地實現自我；而積極情緒的更充分表達可以透過下述途徑來實現：創造表達這些情緒的情境、增強積極的自我感覺、學會更多的解決問題之有效辦法等。有證據顯示，情緒發展階段和認知發展階段相平行，儘管社會鼓勵壓抑情緒，但是情緒隔離會干擾有效地生活。消極情緒，例如：敵意、焦慮和罪惡感等，若不表達出來就好比身體內儲存了淤泥，此時，應付消極情緒的一些策略是：

1. 學會面對害怕和焦慮。
2. 情緒宣洩之後再行動。
3. 戰略性撤退。
4. 避免情緒潛伏。
5. 尋找建設性發洩的途徑。

人們能透過更深刻的理解、生物回饋，以及透過實現更大程度的自我實現來學會控制情緒。下列是有關情緒的綜合性原則，有助於更好地理解我們

自己的行為：

1. 在特定情境裡的特定情緒反應是學習而得的，是從兒童期的一般情緒狀態中發展而來的。
2. 情緒包括從模糊的、不易描述的、我們不能或很少能有意識地加以控制的情緒，直到我們能自覺地、清楚地控制的情緒。
3. 情緒是人的行動之一個組成部分，它們究竟是積極的或消極的，取決於情緒本身、情境和個人。
4. 我們每個人都有一個情緒變化的模式。
5. 社會是決定情緒表達的時間和方式的一個因素。
6. 我們具有對尚未發生的事件產生情緒反應的能力。
7. 我們能夠改變自己情緒表達的方式。

參 在社會生活中

在與我們周圍的人一起生活中而學習到的情緒能力，是在社會中生活所必須的情緒能力之基礎，換言之，社會是檢驗我們所學到的情緒能力之巨大生活實驗室。也許，我們展示情緒能力，或情緒不能對我們產生影響的最重要生活領域之一是工作，因為正是在工作中與他人日復一日、年復一年的相互交往中，我們的情緒真正作用才會被顯示出來。

有些人確實不喜歡自己的職業，可是由於家庭經濟上的壓力，而陷於無法改變其職業的處境。有職業者產生不滿的主要原因之一，大概是他的職業不能滿足其學習到的情緒模式。可以說，每種職業或工作都有一整套不同的情緒要求，有些職業可能需要我們去應付消極情緒，例如：警察、律師或法官等；有些工作可能需要我們去應付更多的積極情緒，例如：教師、牧師或社會工作者等。

有些工作需要較多的情緒壓抑（例如：工程師、律師、校長等），而另一些工作卻需要情緒的發洩和表達（例如：演員、藝術家、推銷人員等）。

有些工作需要情緒表達的穩定性，即情緒行為較少變化（例如：工程師、裝配線上工人、會計等），但另一些工作就會要求我們表現出高度的情緒變化（例如：醫生或護士，他們在某些場合會告訴病人說他的病症經過適當療程，已經獲得痊癒；但在下一個場合，可能不得不告訴病人說他得了癌症）。我們可以試著把自己的情緒模式和打算從事的工作或職業聯繫起來，而且我們也需要列出自己的情緒變化表，再根據這個表挑選一個適合自己情緒需要的工作。

【生|活|故|事】

職場的 EQ

當社會在談論 22K 或是薪資倒退多少年的水準時，社會新鮮人該如何提高職場競爭力？不以 22K 為滿足，而替自己爭取更高的薪資與福利？

王品集團董事長戴勝益曾說：台灣多數的年輕人不是「草莓」而是「蘋果」，這表示年輕人不能因為被稱為草莓族，就以此自居，而要把自己看作是富有營養內涵的蘋果。王董事長更鼓勵找不到工作時，要走出去，不要待在家裡，例如：騎車環島、攀登百岳等，用最節省的方式完成「壯遊」，並且在出發前擬定計畫，壯遊中並作詳實記錄。除了「壯遊」以外，他也鼓勵年輕朋友，要多與朋友互動，從互動當中提升自己更好的 EQ，因為在職場上，EQ 比 IQ 更重要。

另外，把英文學好也是一件非常重要的事，因為要打開國際視野，獲得國際資訊，英文是必備的工具；只要英文好，工作一定能更得心應手。

獎金

某個公司成立以來，業績可謂蒸蒸日上。但因受到國際恐怖活動的影響，今年的利潤卻大幅滑落。董事長知道這個結果不能怪員工，因為大家為公司業績拚命的情況，絲毫不比往年差，甚至可以說，由於人人意識到經濟的不景氣，做的比以前更賣力。

這也就更加重了董事長心頭的負擔，因為馬上要過年，照往例，年終獎金最少加發三個月的薪資，業績最好的時候，甚至還更多。但今年可慘了，算來算去，頂多只能給一個月的薪資獎金。

「這要是讓多年來已被慣壞了的員工知道，士氣真不知道要怎樣滑落！」董事長憂心地對總經理說：「許多員工都以為最少加兩個月，恐

怕飛機票、新家具都定好了，只等拿獎金去度假或付賬單呢！」

總經理也愁眉苦臉的說：「好像給孩子糖吃，每次都抓一大把，現在突然改成兩顆，小孩一定會吵。」

「對了！」董事長突然靈機一動：「你倒使我想起小時候到店裡買糖，總喜歡找同一個店員，因為別的店員都會先抓一大把拿去秤，再一顆一顆往回扣。那個比較可愛的店員，則每次都抓不足重量，然後一顆一顆往上加。說實在話，最後拿到的糖果數量沒什麼差異，但我就是喜歡那個比較可愛的店員。」

兩天後，公司突然傳來小道消息：「由於公司今年虧損，年底要裁員，管理部門正在確定具體的實施方案。」

整個公司頓時人心惶惶，每個人都在猜，會不會是自己。最基層的員工想：「一定從基層員工開始裁員。」白領主管則想：「我的薪水最高，只怕從我下手！」

但是，不久之後，總經理就宣布：「公司雖然艱苦，但大家都非常努力，再怎麼艱難的困境，也不願犧牲各位辛苦的同事，只是年終獎金就不可能發了。」

一聽說不裁員，人人都放下心頭上的一塊大石頭，不會被裁員的喜樂，早就壓過了沒有年終獎金的失落。

眼看新年將至，每位員工都做了最壞的打算，取消了奢華的餐會和昂貴的旅遊計畫。

突然，董事長召集各單位主管緊急會議。看主管們匆匆上樓，員工們立即陷入被裁員的惡夢之中：「難道又要裁員了？」

沒幾分鐘後，主管們紛紛回到自己的單位，興奮地高喊著：「有了！還是有年終獎金。整整一個月的獎金馬上發下來，讓大家過個好年！」

此時，整個公司大樓爆發出一片歡呼，董事長在辦公室裡露出了很久沒有的笑容……

啟示：有人把管理看做是控制的藝術，這的確是有道理的，因為管理者所面對的是活生生的人，而人總是有情緒的，所以管理可以說是控制人的情緒、因勢利導的學問。本來降低年終獎金是個很棘手的問題，但因為董事長懂得人性的弱點，才能夠想出解決問題的策略。所以說，了解並懂得人性是非常重要的，而在任何社會科學方面，對人和社會的掌握是成功的前提。

思考問題

1. 請舉例説明「情緒」的重要性。

2. 請説明詹姆斯─蘭格情緒理論。

3. 請舉例説明心境情緒狀態。

4. 請舉例説明激情情緒狀態。

5. 請舉例説明壓力情緒狀態。

6. 請舉例説明情緒如何影響生活。

7. 請説明轉移為何是一種有效的控制情緒之方法。

8. 請舉例説明寬容是化解不良情緒的最佳良藥。

9. 請説明如何應付消極情緒的策略。

10. 請説明有關情緒的綜合性原則，可以更好地理解我們自己的行為。

第三篇

發展篇

第十一章

學習自我發展的重要途徑：
優勢的環境生活

　　學習社會心理學的展望能夠達成三項目標：學習優質的環境生活、培養健康的個人生活，以及發展和諧的社會生活。首先，第一個課題是學習，也就是如何從學習中獲得優質的環境生活？假使我們所期待的是為了成為更有人性、更懂得愛、更為勇敢，以更開放的態度應付迅速變化的社會及複雜環境的挑戰，人與人之間需要互相幫助的社會人，而這顯然是牽涉到我們的學習能力。這種學習能力包括解決問題、使得學習更有成效的思維過程和創造能力。

　　為了達到更高程度的自我實現，我們的行為必須有一些變化，而達到此目的的主要方法之一，是對學習心理學有更全面深刻的了解。改變人類行為的企圖並不是現在才有的，但是關於學習方法和理論研究的發現和進展仍然持續進行，使得我們今天能夠更好地幫助自己和他人，培養更有效地生活、熱愛和工作的能力。

壹　學習的意義

　　請先想一想，學習的意義是什麼呢？大多數的人或許會想到學校，以及

與老師接觸和學習方面的經歷等。雖然這個問題的答案有很多種，但遺憾的是有許多學生在回答中會帶有許多消極的情緒。

剛進大學時，學生往往有相當高的學習熱情和積極性，可能是基於好奇的因素，然而過沒多久，這種學習的熱忱就消失了，有的學生甚至放棄了學習，並且視學習如受苦一般，甚至有的學生在學校裡再也見不到他們了。也有些學生，特別是那些曾離開過學校一段時間的人，則感受到學習是有益處的，是能讓人生長成熟的生活經歷。正是透過學習，我們才得以作為人而成長起來，這不僅展現在智力上，也包括理解、同理心、熱愛同伴等的能力發展方面。

不論他人的觀點如何，我們還是相信，一旦人們感到自己是為人需要、為人所愛、具有安全感時，他們就會想要繼續學習，因為學習就是生活，生活就是學習；學習和生活都是以人自身發展為動機的，兩者都不需要外界的獎賞或原因來刺激。基於此一觀點，可以說學習和生活的願望是一種自然現象，它來自於人的本身。

貳 學習的重要性

學習是否僅限於在學校裡進行呢？學習與我們個人究竟有什麼關係？在回答這些問題之前，我們需要先知道自己究竟處於什麼樣的一種狀況？換言之，你出生時是一個怎樣的人，經過學習之後又成了一個怎樣的人？

在思考這一問題時，我們會逐漸了解自己是一架多麼巨大的學習機器！在一生當中的各方面，就是我們與周圍的環境發生作用、經過體驗的直接結果。事實上，我們之所以是我們，完全都是由此而來！當然，有關遺傳特徵，包括生理因素等，對學習都會產生作用和影響。學習的原理可以分為兩個方面：

1. 我們必須考慮到與個人相關的一些原理。
2. 我們也要考慮到獨立於個人之外的原理。

筆者把這兩項分別稱為學習的主觀原理和客觀原理。學習的主觀原理與個人的內部因素有關，例如：遺傳、個人經歷、個人的見解，以及價值觀等。學習的客觀原理則與獨立於個人之外的外部因素有關，例如：學習技巧、學習的獎賞、學習時間的長短，以及學習次數等。

第二節　學習的原理與過程

人類除了本能的動作，其他的動作都是透過學習而獲得的。學習使人類的智能得到開發，使我們能了解已知的世界與知識，重要的是使我們認識到未來的世界，使人類的視線延伸，以探索未知的世界。人類的學習與動物的學習有著本質上的區別，人類的學習不是以遺傳的形式，而是以個體掌握或學習的形式，將前人累積的知識經驗傳授下去，它以語言文字的形式，透過交往進行傳授。這種學習是有目的、有計畫、積極主動的，因為人的學習是多層次的複雜現象。

壹　學習的本質

學習心理學主要研究學習的本質及其規律，凡是由個體經驗所引起的比較持久之行為變化，都可以稱為學習。由於研究問題的角度不同，衡量學習的標準不同，學習被分為許多不同的種類，目前影響較大的是加涅（Robert Mills Gagne）和布魯姆（Benjamin Samuel Bloom）的分類法。加涅根據學生的情況把它分為下列八項：

1. 學習。
2. 刺激與反應學習。
3. 連鎖學習。
4. 語言聯合。

5. 多樣辨別學習。

6. 概念學習。

7. 原理學習。

8. 解決問題。

上述這些是一個由低級學習為基礎到高級發展的過程。布魯姆則根據學習所要達到的目的，把它分為六類：

1. 認識。

2. 理解。

3. 應用。

4. 分析。

5. 綜合。

6. 評價。

學習心理學大致可以分為兩個體系，說明如下。

一、刺激—反應理論

近年來，人本主義學習心理學發展得非常蓬勃，其中之一為刺激—反應理論（即 S-R 理論），主要的代表人物有桑代克（Edward Lee Thorndike）、巴浦洛夫（Ivan Petrovich Pavlov）、赫爾巴特（Johann Friedrich Herbart）、斯金納（Burrhus Frederic Skinner）。其基本觀點認為，學習就是刺激和反應之間產生聯結。

桑代克的理論認為，學習是一個盲目、漸進的過程，透過不斷地嘗試，錯誤反應減少，正確反應增加，最終在刺激和反應之間產生固定聯結。桑代克的理論又稱為「嘗試—錯誤說」，他用三條定律、四種類型、五項原則概括學習理論。三條規律是指：「準備律」、「練習律」、「效果律」，此外還有副律；四種類型是指：普通動物式的形成聯結、以觀念形成聯結、分析或抽象、選擇性的思維或推理；五項原則是指：多式反應原則、定向態度或

順應原則、情境中個別要素的優勢原則、同化或類化原則、聯想交替原則。

巴浦洛夫根據條件反射學說，研究了學習的生理機制，並提出了學習高級神經形成的暫時聯繫之觀點。赫爾巴特主要把 S-R 區分為「不學而能的刺激—反應」以及「獲得刺激—反應」等兩種。前者是指一種在神經組織中固定的東西，相當於巴浦洛夫的無條件反射；後者則是指透過學習獲得的聯結。學習就是使刺激引起反應的時間縮短，如果刺激很快就引起反應，那麼以後該刺激所引起的反應傾向就得以加強，赫爾巴特把它稱為「習慣強度」，它的強弱與強化次數的增減和保持時間的長短成正比。透過強化，學習者在刺激—反應之間會產生牢固的熟練聯結。

斯金納的理論被稱為「操作條件作用說」，他把條件作用區分為「S」型和「R」型。S 型的條件作用是一種與刺激相關的反應，是由可觀察到的刺激所引起的，為一種「應答性」行為。R 型的條件作用是一種觀察不到的外來刺激之反應，這個反應表現在個體的行為作用於環境中，是一種「操作性」行為。在學習的過程中，R 型的操作性條件作用比 S 型的應答性條件作用重要得多，人類的條件作用幾乎都是操作性的。

二、認知理論

認知理論，包括：格式塔學派（Gestalt）和認知學派（Cognitive），主要代表人物有柯勒（Wolfgang Köhler）、托爾曼（Edward Chace Tolman）、皮亞傑（Jean Paul Piaget）、布魯納（Jerome Seymour Bruner）、奧蘇貝爾（David Paul Ausubel）。

格式塔心理學是認知學派的先驅，該學派反對把學習解釋為刺激—反應之間的聯結，其認為，人的感官知覺到的是對象的整個「形式」和「樣式」，如果出現缺口，為了「彌補缺陷」，知覺就要不斷地組織和重新組織這些「形式」和「樣式」，而使之完整，這個過程就是學習。他們認為：學習並不像桑代克所說的，需要經過盲目多次的嘗試和錯誤的逐步獲得，而是隨著對問題各部分之間關係的認識而突然領悟的，這種理論又稱為「頓悟

說」。

托爾曼的認知理論主要包括兩個方面：一是認為，動物和人的行為都是有一定的目的，學習者在實現目的之過程中，只有「認知」了各種環境條件，才能克服困難而達到目的，而學習就是形成達到目的的認知地圖；二是認為，「認知地圖」可以透過有目的之獎勵，也可以不透過獎勵獲得，前者是「符號學習」，後者是「潛伏學習」，可以透過內部自我強化而實現。由於托爾曼強調學習過程中認知和目的之作用，因此，他們的學習理論又稱為「認知—目的說」。

認知學派認為，學習是「認知結構」的組織和重新組織。換句話說，認知結構是指，透過累積獲得的、按一定層次組織的知識體系。認知結構和新的學習內容會相互作用，而新的學習內容會以原來的認知結構為基礎，對同一個學習內容不同的認知結構會產生不同的感知與理解。透過學習，認知結構會發生變化，或者同化新的學習內容，或者改造原來的認知結構，或者產生新的認知範疇，以接納新的經驗和其他因素。

布魯納認為，認知結構的變化是透過學習中的發現而獲得的。所謂發現，是指學習者對事物的新認識。這種對未知事物的新認識，促使學生在學習中產生自信心、提高學習的內部動機、激發其學習積極性和創造性、培養其創造性思維的能力，因此此理論又稱為「認知—發現說」。

奧蘇貝爾認為：學生在課堂裡，主要是接受前人累積的科學文化知識；各門學科的材料不是零散的、孤立的，而是經過加工和組織，有著內在邏輯結構的知識體系，學生的任務就是持續地掌握這些知識體系。但是新知識的獲得大部分都不是透過發現，而是依靠「接受」，在一定指導下，經過一番努力促使認知結構發生變化，因此此理論又稱為「認知—接受說」。奧蘇貝爾還提出了影響學習和保持的三個因素：

1. 在原有認知結構中，有沒有適當的、具有固定作用的觀念可以利用，它關係到新的學習內容能否促使認知結構向前發展。
2. 新的、有意義的學習與原有認知結構的可分辨程度，它關係到學得的

知識能否永久保持。

3. 原有具備固定作用的觀念之穩定性和清晰性，它關係到原有的認知結構能否為新的學習提供有力的著力點，以及會不會影響新舊觀念之間的可辨性。

學習的因素

在學習過程中，會受到兩種因素影響：一種是智力因素，另一種則是非智力因素。

一、學習的智力與非智力因素

智力是保證人們成功地進行認知活動的各種穩定心理特徵的綜合，它是由觀察力、記憶力、想像力、思維力、注意力等五種基本心理因素所組成。以下主要是談非智力因素在學習中的作用。

非智力因素是指，除了智力與能力之外，與智力活動效益發生交互作用的一切心理因素。它是指，在智力活動中表現出來的非智力因素，而不是指智力因素以外的一切心理因素。非智力因素是一個整體，具有一定的結構和功能；非智力因素與智力因素是相互的，而不是單向的，非智力因素只有與智力因素在一起，才能發揮它在智力活動中的作用。良好的非智力因素能提高智力水準，例如：一個人的責任感、堅持性、自信心、勤奮等，都會影響智力水準的提高，因此非智力因素會影響智力因素的表現。智力活動是透過成就活動而表現出來的，在這個過程中，需要有良好的非智力因素之支持。如果一個人的智力水準一般，然而學習慾望強烈、情緒體驗深刻、學習認真刻苦、自我意識水準高、性格堅強、意志堅定，那麼此人就能獲得超過其智力水準的成就。

相反的，如果一個人的智力水準較高，然而非智力水準較差，那就會對智力的發揮產生干擾或妨礙作用，致使智力無法在活動或完成任務中正常顯

示出來。非智力因素能夠彌補智力上的某些弱點，非智力因素的優勢能夠彌補智力因素方面的不足。有成就的人不一定有超常的智力，但一定要有堅強的意志、遠大的抱負，以及寬大的胸懷。

二、學習的動機

動機是在需要刺激下，直接推動人進行活動以達到目的之內部動力。動機使人的活動具有選擇性，動機愈強，行動的目的性就愈明確，前進的動力也就愈大。動機一旦發揮作用，就會使行為具有穩定而完整的內容，對獲得該目標出現極大的積極性。動機可以加強行為的力量，個人成功和失敗的經驗對其活動意向有一定的影響，可以起強化作用；同時，動機又好似汽車的引擎和方向盤，它既給學習者帶來動力，又同時具有導向作用，可以對活動的方向進行調整。

激發動機的有效方法如下：

1. 改變外在動機為內在動機：外在動機是指推動智力活動和學習的動機，是由外在因素誘發出來的，而內在動機是指人的行為出自於個體本身的自我激發，例如：讓一個人在學習時，充分了解學習的意義，知道透過學習可給自己帶來滿足、愉快和成功的喜悅，學習時就會有無窮的力量，學習態度會從「要我學」變為「我要學」。

2. 提高成就動機水準：個體在主動參與事關成敗的活動時，要能不畏失敗、克服困難，以期達到目標並獲得成功的心理歷程。成就動機高的人能主動參與學習活動，持續從事學習活動，獨立完成指定作業，能接受失敗的教訓，並將成敗歸於自身的努力程度，有較好的學習成績。每一個想要獲得成功的人，都必須盡力提高自己的成就動機水準，並用高標準嚴格要求、把握和衡量自己。

3. 樹立正確的遠大理想：透過樹立正確的人生觀、價值觀，會使正確的、長遠的學習動機成為引導一個人前進的主要動機，以推動其堅持不懈地完成學習任務和各種智力活動。

4. 豐富知識，及時回饋：在強調動機對學習和智力活動具有促進作用
時，也會看到所學知識反過來亦可增強學習動力。當一個人表現出對
學習或求知行為有相當高的動機與興趣時，就會時時認識到沒有理由
推遲學習的進行。了解到學習後的好處，就有可能產生繼續學習的動
機。

三、學習的效益

人愈是學習，就愈會感到自身的不足與欠缺，因此，一個人掌握的知識
愈多，求知慾愈大，就愈不容易滿足和停下學習的腳步。學習的結果對學習
具有回饋作用，能提高學習熱情和積極性，提高努力的程度和堅持到底的決
心。興趣在智力活動中的作用亦不可忽視，它是個體積極探索事物的認識傾
向。興趣使人能對有興趣的事物給予特別優先的注意及積極地探索，並且帶
有情緒色彩和嚮往心情。興趣以認識和探索某種事物的需要為基礎，是推動
個人去認識事物、探求真理的一種重要動力，是一個人學習活動中最活躍的
因素。有了學習興趣，便會在學習中產生極大的積極性，並產生某種確實
的、積極的情感體驗。

興趣是智力活動的巨大動力，也是推動人們進行求知活動和學習的重要
心理因素，使人能集中精力，積極愉快地從事某種活動。興趣是引起和保持
注意的重要因素。對感興趣的事物，人們總是會愉快且主動地去探究它。興
趣是開發智力的鑰匙。皮亞傑（Jean Paul Piaget）說過：所有智力方面的工
作都要依賴於興趣。美國的心理學家研究顯示，興趣比智力更能促進學生努
力學習，提高學習成績。許多有成就的偉大人物都酷愛自己的事業，他們都
有濃厚的創造興趣和對事業的高度責任感，兩者結合起來，匯集成一股強大
的力量，去推動他們孜孜不倦與不斷創新地工作。

四、培養興趣的途徑

培養興趣的途徑有下列四種：

1. 逐步培養間接興趣：馬克思（Karl Marx）五十多歲時學習俄語，諾貝爾（Alfred Bernhard Nobel）為了發明炸藥，差點送命；許多科學家與科學工作者長期生活在荒野叢林之中，只有在完成一項重大突破之後，才能體會到經過千辛萬苦得來的快樂與滿足。

2. 培養廣博的興趣：具有廣泛興趣的人會經常注意到多方面的新問題，並努力去鑽研這些問題，進而增加各方面的知識經驗。許多專業人才，幾乎都對哲學、藝術、科學、音樂、文學、美術等有較高的造詣，例如：達文西（Leonardo di ser Piero da Vinci）、笛卡爾（Descartes）、牛頓（Isaac Newton）、伽利略（Galileo Galilei）、愛因斯坦（Albert Einstein）、貝多芬（Ludwig van Beethoven）、歌德（Johann Wolfgang von Goethe）等。

3. 養成穩定的興趣：在興趣愛好廣博的基礎上，還得要有持久而穩定的中心興趣。保持興趣的持久，才能深入鑽研問題，進行深奧的創造性活動。

4. 保持永久的好奇心：強烈的好奇心和濃厚的求知慾，是使一個人走向成功的必經之路。好奇心在某種程度上意味著天真、執著，而可能常常引來嘲笑或譏諷，例如：發明家愛迪生（Thomas Alva Edison），從小就對周圍的各種事物有強烈的好奇心。

參 情感與意志

在個人的學習過程中，情感的調控與意志的培養，在學習中都具有重要意義。

一、情感作用

　　情感是人對事物所持態度的體驗，是一種對智力活動具有顯著影響的非智力因素。積極的情感具有正面作用，而消極的情感則具有負面影響。情感對人的智力活動之影響包括下列四點：

1. 情感對智力活動具有組織作用，也就是說，情感是智力活動的組織者，對人的感知、注意、記憶、思維、想像、智力因素等具有調節組織作用。高尚的情感是人們從事工作、學習和勞動的巨大動力，良好的、積極的情感體驗，在獲得知識和發展個性品質上都具有重要意義。德國數學家高斯（Carl Friedrich Gauss）之所以學術成果豐碩，其中的一個重要原因是他善於控制情感。

2. 情感在智力活動中，具有動機作用，也就是說，情感能激勵人的求知行為，改變行為的效率。積極的情感，可以提高學習效率，具有正向的推動作用；消極的情感則會干擾、阻礙求知行為，減低學習行為，成為反向推動作用。

3. 情感發展正確的需要，而需要是情緒、情感產生的基礎。一般而言，正確的需要會使情感具有正確的傾向性，不正確的需要會把情感引入歧途。

4. 情感能提高認知水準。情感過程必須建立在認知過程的基礎上，認知過程也往往有情感過程伴隨產生。因此，要培養健康情感，必須使自己能從事物中獲得正確的認識，不斷提高認知水準。認知水準提高之後，才可以用理智控制情感，並且要避免不良情感所帶來的不好的行為結果。

二、意志作用

　　意志是人們為了實現預定目的而自覺的調整自己的行動、克服困難，以實現目的的心理歷程。意志所起的作用主要有下列三個：

1. 意志可以調節人的心理狀態：它不僅可以調節注意、思維等認識過程，還可以調節人的情緒狀態。
2. 意志是對外部活動的調節作用：意志對行為的調節能確保行為目的之方向性，其結果就是預定目的的實現。
3. 意志使認知具有目的性：首先，使之認識更加廣泛而深入。其次，完成對學習和認識活動的主動調節作用，不斷排除智力活動中的各種困難和干擾，不斷地調節、支配自己的行為，向既定目標前進。

在智力活動中，意志的作用是確定認識的目的、選擇活動的方式，然後付諸行動。而透過意志的調控作用，可以克服困難，保證活動順利進行，並提高智力活動的力量和效率。當一個人認知到活動結果的價值意義之後，就會運用自己的積極性去加快活動的速度，提高前進的動力。但當原計畫不符合形勢需要時，或是當個體認識到智力活動的速度加快之幅度過大時，個體會根據各項條件，適當地改變及減速，以保證智力活動能穩步展開，這是一種積極的減速。

第三節　有效學習的應用

學習的最終目標是為自己的生活提供優質的生存環境。前面我們已經討論過許多相關的議題，例如：心理健康的人對自己是誰，在朝什麼方向發展，將來有一天可能成為怎樣的人，有更清楚的意識和認可態度。就像生活本身一樣，自知是一個過程、一個旅程、一次冒險。日益增長的自知很可能成為自由的巨大泉源，因為我們信任自己，同時我們也就能信任他人；了解我們自己，也就能了解他人和周圍世界；我們對自己的認可，也使我們接受自己的衝動、情感和夢想；而且，在注意和重視自己後，我們才能把自己的注意力和精力，集中到教育、就業、朋友和家庭生活等方面。

壹 與他人相處

　　展現優質環境生活的首要功課是與他人相處，換言之，我們必須要能夠與他人和平相處，才能夠實現優質環境生活的理想。試想一下我們生活中最幸福的時刻吧！儘管幸福的體驗各不相同，但其中有一點是共同的：幸福的體驗是與朋友們、與我們所愛的人所共享的。若我們聽到一個有趣的笑話，就會希望與他人共享此幽默帶來的快樂；而在我們抑鬱悲傷的時候，和他人的交談會使我們感覺好一點。

　　如果我們要真正理解他人，就必須避免把人因其種族和宗教的不同，以及行為的怪僻與否來分成不同的類型。這種作法會阻礙我們對他人的了解，我們應該努力去理解每個人行為發生的原因，必須知道他人的生活方式等也是經過學習而形成的。如果一個人對他人不友善，我們可以相信過去在他試圖對他人表示友好的時候，並沒有得到很好的回報。很可能有許多次在其對他人表示友好時，心靈反而受到刺傷，最後也就學會了對人冷漠、默不關心。

　　如果一個學生考試不及格，而且沒有信心再準備考試時，我們能夠相信他以前在學習上的努力取得了成功嗎？答案是沒有！他可能過去學習得很努力，但是沒有成功。他現在知道的是，不管其努力學習與否，反正總是那麼一回事。有的人在讓人失望和惡意待人中得到滿足，他們成了失敗、不及格的常客，儘管他們很聰明，也很有可能取得成功。要理解其中原因，我們就應該知道造成他們現在這種情況的以往經歷。

　　人是不斷在轉變的，因此會一直學習尋找新的方法來對付各自的情境。我們可能曾看到許多人以前是那麼地抑鬱、冷漠，現在卻變成活潑、勤奮、具有奉獻精神的人。請聽聽以下這些人的話吧：

　　1. 我以前從來也沒有認識到教育這麼重要。

　　2. 我早就應該調整自己了。

3. 我簡直難以相信我以前對人會這麼冷漠。

關鍵在於，我們應該了解人是能夠學習改變自己的行為。下列是幫助他人轉變的三個步驟。

一、不加批判的接受態度

人在感到自己為人所需要與認可時，學習效果會更好，因為這時候他不必對自己進行防禦，他的精神和注意力可以集中到新的學習上。在教育那些具有嚴重身心障礙的兒童和成人時，常要花上幾小時甚至幾天的時間使他們消除疑慮，然後才能開始教導他們新的技巧。請記住，一個人在受到責難、抨擊、受人輕視時，是不可能有效學習的。

二、排除消極條件

過去發生的事件往往會再次發生，如果老師多次把某個學生的成績評量不及格，那麼他往往會厭惡所有的老師，這是可以理解的。不僅如此，學生還會厭惡學校裡的一切，包括：書本、餐廳、食物、大樓等。他這樣做是在運用概括原理，這就說明了為什麼某些行為的發生有日益增加之情況。

如果一個人在與異性的交往中遇過挫折，那他就往往會避開一切有異性在的場合。當他去赴約的時候，心裡早就產生了一種敵對或不安情緒。如果我們要幫助這樣的人轉變，我們就應教會他們辨別過去與現在的差別，例如：當學生說老師都不公平時，就可以問清楚是哪個老師不公平？為什麼？這樣可以使學生知道老師並不都是一樣的，並勸他們和老師談談，因為大多數老師是願意與學生交談的。如果約談的對象態度冷漠、有不信任感，那就用友好、關懷的態度教育他，因為並不是所有的人都不可理解的。這樣做了以後，原先的消極態度就可能會削弱，也就有可能轉而採取積極態度。

三、採用適當的獎勵

　　獎勵適當與否，要看特定的情境與個人而定。在工廠裡，老闆的微笑對員工就是很好的獎勵；在學校，放學後與老師的一次談話就可能是適當的獎勵。獎勵就是告訴他人，我們對他的新行為感到滿意。

貳 在社會生活

　　優質的環境生活與社會生活有密切的關係，換言之，個人生活品質的優劣取決於社會環境，包括：家庭、社區、學校等。因此，作為一位學生或學習者，我們在社會生活中，必須面對學校裡的生活，以及同時在學習過程中取得成果。

一、生活在學校裡

　　關於學習原理的討論與學校生活和教育有什麼關係呢？只要我們肯把這些學習原理運用到學校的學習中去，那麼在此討論的大多數原理都能提高自己的學習效率。但問題在於，儘管許多學生也知道，要改進他們在學校的學習該做些什麼，但實際上他們卻什麼都不做，結果就直接影響了學習。曾有過這麼一件個案：有一位學生在大學二年級時，覺得自己成績差的情況不能再繼續下去了，於是找了指導過他的一位教授，請他幫忙分析原因究竟在哪裡。

　　結果顯示，部分問題在於他自己，例如：他過去在高中時的學習經驗，養成了他總是要到考試的前一天晚上才開始複習的習慣。在中學期間，這種作法的缺點大多被他取得的中上成績所遮掩了，因而未顯示其嚴重性。另一個需要改進的方面是閱讀，在諮詢中心參加了幾次閱讀測試後，他發現自己的閱讀水準太差，所以他報名參加了一個學期的閱讀補習班，大大提高了自己的學習技巧。

在他們探討學習上的癥結時，還發現了另一個因素，那就是他對測驗的情緒反應。在學校中，一般課程都有期中考和期末考，通常期中考和期末考各占該門課程總分的 50 ％。他了解到在這兩次考試中，自己受到很大的情緒緊張壓力，而造成考試對他來說是一種痛苦的經歷，他不是積極準備而是企圖逃避考試。他常常這麼說：「我現在不懂，以後也不會搞懂的，再學習又有什麼用？」這樣的態度，學習效果如何，當然可想而知了。

二、有效地學習

如前面所討論的，當學習素材較有意義時，我們會感到學習起來更容易、更有效果，學過的東西也不會很快遺忘。我們可以將這個原理用於重新組織自己的上課筆記，把正在學習的教材之各章要點概括出來。透過複習筆記，用自己認為有意義的方式把各種觀點記下來，而且編排好，這樣就便於記憶。另一個學生們認為很有用的技巧，就是把筆記要點寫在書籍的旁邊空白上，然後複習這些筆記。

在課堂外也可以學習到許多東西。我們可以把學校看作是可以利用的一個資源庫，在學校圖書館書架上瀏覽，或是從某本書或雜誌上選讀幾頁篇章；學校社團舉辦的各種討論會、辯論會；有的大學也會舉辦藝術系列講座向學生介紹新風潮。在校園裡和各國留學生共同學習、活動，給了我們良好的人際接觸機會，又給了我們與不同文化背景的人們進行思想交流的機會。

在學校裡，或許也有大量類似的訊息資源，這一切都有助於使我們成長為自我實現的人。間接來說，這一切也會使我們對學校生活、對學習抱持著更為積極的態度，學校對我們來說不是一個令人畏懼、急於避開的地方，而是一個不能不流連忘返的場所。

參 在工作生活

工作是個人發展優質生活環境的基礎，換言之，沒有穩定的工作收入，

就無法提供優質環境的生活品質。工作或職業學習同樣要運用學校學習的基本原理，然而，這兩種學習之間是有些根本差別。知識學習包括不斷接觸各種層次的複雜新思想，而工作學習一般是重複同樣的或類型相似的動作。我們可以用各種觀點來看待工作，在某些工作中的主觀成分，包括：自我、動機、情緒和智力，而這些工作的成功學習與持續是具有重要的作用。試想一下：一個售貨員的工作，在大多數的情況下，開一張發票的技巧比起他向顧客兜售某一商品的急切願望之作用要小一點。

另一方面，其他類型的工作則需要更多的基本技能學習（例如：汽車維修工、製圖員、牙醫助理、X光機操作人員等），就主觀因素來看，儘管從某一點來說也是重要的，但作用要小一些。若我們將教師、護士和秘書的工作，也來做這樣劃分的話，應各自歸入哪一方面？人們對工作的看法最關鍵的問題是，隨著自動化和大規模生產的日益擴大，每一個勞動者本來在自己作為僱員時，所感到的特性和滿足感，能否繼續存在下去？愈來愈多的證據顯示，工作不再給予個人其原來所提供的那種獎賞或報酬，隨著更多的日常勞動由更有效率的電腦來完成，許多新的工作只需要人注意紅色指示燈或是監聽警報聲響就可以完成，在這種情況下，一個勞動者又怎麼能繼續保持這樣的情感，也就是思考這個工作是否值得我去做？需要我去做的呢？

筆者以前的許多學生也表示過同樣的憂慮，擔心人對工作重要性的感覺之喪失，答案之一似乎在於我們對工作和空閒時間的看法上之變化。不可避免的是，我們需要利用閒暇時間來使自己繼續成長、學習。

筆者的部分學生就是在不斷地學習成長進步，有的學生在夜校繼續深造，其他一些學生也培養了各種興趣愛好，以發揮自己的個性和創造性，有的學生甚至是在精神病院或是在老人之家從事志願服務工作。可見我們都可以在工作以外的時間裡，做些有意義的事，這樣可以緩和、減輕今天許多勞動給人帶來的厭煩感。此外，人們也提出並正在實驗各種富有興趣的設想、建議等，使工作場所變得更具有人性。

當我們認真思考在現代社會生存下去的必要優質環境條件時，應該認識

學習是人類各種體驗中最基本的體驗。人的天性要求我們學習，以成為更完美的人。獲得新行為、修正舊的行為的原理分為三個部分：

1. 主觀原理：主觀原理把學習看作是一種高度個人化的過程，包括：自我概念、經歷、智力、動機，以及情緒。

2. 客觀原理：客觀原理傾向於視學習對所有人來說都是相似的過程，包括：學習曲線、潛伏學習、遺忘和記憶、經典性和操作性條件反射、強化、概括和辨別、消退、模式和塑造。

3. 特殊的學習技巧：學習就是這些所有高度個性化的特點（來自於人的內部）和外部世界的特點交互作用之結果。

在實際練習中，客觀原理應與主觀原理結合起來，並使學習有成效，且能長期持續下去。特殊的學習技巧，包括：過度學習、分散和集中練習，以及認知不協調。

【生|活|故|事】

有裂縫的水壺

家裡有一隻盛水的水壺，用了十多年，父親一直捨不得扔掉。有一次，在我走路時，一不小心碰到水壺，掉在地上，水壺被摔出了一條長長的裂縫。我想，父親應該會把水壺扔掉了吧！可是父親並沒有扔掉它，而是把它好好地收起來，而且說以後也許能派上用場。

過了一段時間，父親在陽台上養了很多盆花，其中有一盆花長得特別艷麗。我一看花盆，正是那隻有裂縫的水壺，父親見我疑惑不解的樣子，就說：水壺有了裂縫，不能用來盛水，但用來養花最合適。水壺裡的雨水一旦多了，水就會順著裂縫自動地滲透出來，使水壺不致於積水，花也就有了一個良好的生長環境，所以長出來的花也就比其他的更美麗。

生活中若不幸摔破了水壺，或是類似生活中的一次失誤，千萬別把破水壺扔掉，只要用心珍惜、揚長避短，人生照樣可以像盛開的花一樣美麗。

啟示：人生價值的實現方式有很多種的，當其中一種行不通時，不要氣餒，我們可以有其他選擇，因為上帝總是在給我們關上一扇門的同時，又會為我們開啟了另外一扇窗，只要我們用心地去尋找，就一定會找到屬於自己的出路。

思考問題

1. 學習社會心理學的展望能夠達成哪三項目標？

2. 請舉例說明「學習」的意義。

3. 學習的「主觀原理」與「客觀原理」包括哪些項目？

4. 學習心理學大致可分為兩大體系，請分別說明之。

5. 教育學家桑代克用三條定律、四種類型、五項原則來概括學習理論，請指出這些項目。

6. 奧蘇貝爾提出了影響學習和保持的三個因素，請說明之。

7. 何謂學習的非智力因素，請舉例說明之。

8. 動機激發的有效方法，有哪四種項目？

9. 請舉例說明培養興趣的四種途徑。

10. 情感對人的智力活動之影響包括哪四點？

11. 在個人的學習過程中，「意志作用」也扮演了重要的角色，請舉例說明之。

第十二章

發揮個人生活的美好境界：
健康的個人生活

第一節　健康生活的重要性

　　針對應用社會心理學發展的議題「健康的個人生活」，以下將根據前面討論的基礎上加以論述。心理學在人類為改善與提高生活水準的努力中，展現了廣闊的發展前景。作為一門應用科學，社會心理學提出各種理論、模式、方法和新的發現，以加強對人類和人類發展趨勢的了解，並提供有效的助力。人類對和諧社會生活與幸福生活的追求，早在人類存在之初就有了，且將繼續此一美好的追求。基於和諧社會有賴於健康個人生活的凝聚為基礎，以下將進行健康生活重要性的探索。

壹　健康的社會人

　　我們大家都有機會接觸和了解某些心理健康的人，這些人的行為表現往往有與眾不同之處。在筆者對大學生的一項調查中，詢問他們對「什麼樣的人是心理健康的人」之看法，以下列舉兩個比較典型的例子。

一、活潑的人

　　有一個人這樣描述：

我認為他心理上很健康，是因為他活潑、樂觀、熱愛生活，以及他的開朗及善良的性格；我喜歡他對生活的態度，無論做什麼事都能全神貫注；他活躍敏感，對細節都很注意；假使他遭到挫折而未達到目標，他就會繼續努力，或是試用新的方法來解決問題；他思維寬廣迅速，不僅機智聰明，而且總是用幽默的態度去看待任何事情。此外，他身體健康，我覺得這是重要的因素；很願意學習，他什麼都想試一下，但又有足夠的智慧知道什麼時候開始做、知道什麼時候要停止；他善於說話，也善於傾聽，肯施予，也能接受，而且不需要根據他人的指示才能做出反應。他是一個活潑的人！

二、友善的人

另一個人是這麼說的：

他是一個很受人歡迎的人，認識他的人都很喜歡他；他的個性很受人喜愛，我想他之所以這麼受人喜歡，是因為他無論遇見誰，總是盡可能從好的、積極的方面看待他人，他從來不根據第一印象來判斷一個人；當他談論他人時，總是講人家美好的一面。自從我認識他以後，從來沒有聽到他說過他人的壞話；他對生活的態度和看法是積極向上的；他熱愛大自然，也熱愛戶外活動。他是一位友善的人！

貳 健康的社會生活

讀到這裡，我們可能會問：「上面這些評論的看法跟我自己又有什麼關係呢？」其實，很重要的一點，就是要了解心理健康的人之特性，以下列出一些實際的理由：

1. 學習與他人之間有深刻的、持久的人際聯繫。

2. 學習是為了熱愛生活。

3. 在學習或工作中，能表現得更為出色。

4. 對生活會有更積極的反應。

5. 由於達到了自我實現的目標，而可以過著更為幸福的生活。

6. 我們的家庭和孩子也能更為幸福和愉快。

總之，健康的人往往能從生活中學習獲得更多。研究結果顯示，人是能夠透過學習而成為更健康的人。因此，思考一下對這些健康的人類特徵之研究和理論，包括：合理的、試驗的、多為科學所支持的解釋等，這對我們大家來說，都是非常有意義的。

第二節 發展健康的生活

心理健康的人，其某些重要特點，被馬斯洛（Abraham H. Maslow）稱為自我實現型的健康人。這些特點是由馬斯洛、庫姆斯（Arthur W. Combs）和羅傑斯（Carl Rogers）等人本主義的、以人為中心的心理學家，各自進行的研究所揭示。對這些有益的生活方式之詳細描述，使我們邁向充分實現人生的潛能方向前進。通常，我們的希望是一回事，而實際能夠去做的又是另一回事。然而，改變人的行為之第一步是：透過適當的訊息傳遞，使人的心理上有所準備，這就好像一位農夫用心耕作，使得播下去的種子能夠獲得充分生長一樣。

壹 發展自我實現

根據馬斯洛的觀點，要發展自我實現型的健康人，必須實踐包括下列八個重要項目。

一、接受的能力

　　心理健康的人大多能夠接受自己；事實上，他們都熱愛自己。換言之，他們有一種積極的自我概念（self-concept），包括個人對自己的感覺、認識與看法。他們常常認為自己是被他人所歡迎的、有能力的人，他們能為社會做出自己的貢獻；這種接受的能力，包括接受自己、他人和自然的能力。馬斯洛還發現，這種人也往往能接受他人。在對自己有良好感覺的同時，他們也能接受他人的行為、思想，儘管有時候他人與自己的看法並不一致。

二、深厚人際關係

　　此一類型人的另一特點是，他們往往很喜歡與人們接近。因為他們對自己有良好的感覺，因此也就能夠與他人建立深厚的友誼關係。值得注意的是，馬斯洛還發現，這類深厚的關係一般僅見於與少數幾個人，而非普遍的存在於人際交往中，因為單是與一個人建立深切的關係，就需要相當的時間與耐心。此外，心理健康的人通常對人相當慈愛、有耐心，對兒童與老人更加如此，他們不僅具有，而且能夠顯示出對他人的同情心（compassion）。

三、對現實的充分知覺

　　我們也可以說：真正健康的人不必為面對現實的困境，以及生活中所不如意的事件，而逃避與欺騙自己。正因為他們有著良好的自我意識，他們不需要用面具來遮蔽自己，歪曲現實。他們對現實世界及人們的知覺（perception）是客觀的、真實的，這樣的知覺使得他們能根據正確的訊息採取行動。所以他們往往能完成更多的事情，而不是原地打轉。當問題產生時，他們便能夠有效地予以解決，因為他們依據的是實際情況，而不是依據自己的主觀願望來做出決策。

四、嘗鮮的鑑賞力

在馬斯洛實驗的受試者中，他們始終對生活抱持著熱愛和欣賞的態度。他們對生活中各方面的事物都會做出積極的反應，好像這一切都是第一次經歷似的新鮮事務。馬斯洛是這樣描述的：自我實現型的健康人有一種奇異的欣賞能力，他們對生活中一切善的、美好的事物，都帶著天真和新鮮的感覺，並一再地欣賞它；他們對許多事物感到敬畏、愉快、奇妙，甚至狂喜，然而，這一切對他人來說，可能早已顯得平淡而無意義。

五、獨立的自主性

他們對自己的良好感覺，導致個人的自我信任。因此，那些最健康的人依靠自己的領悟力來判斷是非，並決定在一定條件下應採取什麼行動。是故，由於他們的自主性與獨立的思考，往往會更多地依據自己的行為和價值標準，而不是過分地考慮他人的意願或社會上其他人的生活反應，來做出判斷與決策。馬斯洛闡釋他的觀點如下：自我實現型的健康人之特點之一，是他們對自然和社會環境的相對獨立性，表現在面對嚴重打擊、刺激、挫折、剝奪等惡劣環境時，能夠顯現出相對鎮靜的態度。因此，他們也被稱為「自我控制」型的人。

六、富有創造性

心理健康的人似乎對自己所做的任何事情都抱持著一種創造性的態度。那些對自己、也對他人抱有安全感的人，能夠用新的、與眾不同的方法來完成任務、解決問題；他們認為不需要像許多人習慣的那樣，老是墨守成規，一再地以同樣的方法重複去面對許多新事物。馬斯洛這樣評論說：在我們的一部分受試者身上所顯現的創造性，並不表現於著作、編曲、藝術品的創作等方面，而普遍地展現在普通與平凡的事情上。我們可以說，這種特別的創造性，對於具有健康人格的人而言，在其從事的任何活動中，都會有所體

現。

七、助人的使命感

自我實現的人，總會把幫助那些正在受苦受難、需要得到關懷的人當作是自己的使命。他們具有這種珍貴的品德，能把自己從短視眼光中解放出來，擺脫只為個人需要的滿足而生存的思想。他們充分理解人溺己溺、人饑己饑的精神，他們知道在飢餓者得食、悲苦者得福時，會感到愉快、滿足的思想方法。這一類的人似乎已經學會了把自己的愛從自身與周圍的人，轉向全人類。自我實現的人似乎在與他人分享幸福中，體驗到了更深刻的幸福感受。

八、強烈的倫理意識

自我實現的人對他人與對自己的權利一樣表示關切，他們的道德基準將全人類都包括在內。他們似乎受到心靈深處最高尚規律的制約，要求對所有人，不論其國籍、種族、宗教與政治信仰為何，無論他是親戚、朋友或敵對者，一律以誠實、仁慈相待。因此，他們並不受到文字形式的法律所制約，而是根據理智、價值觀與邏輯，也就是說受著精神的法律所制約。

貳 發展的建議

如何進一步達到自我實現的地步。馬斯洛相信：所有人類生來都具有一種潛在的自我實現之本能，只要在合適的社會條件下，它就會得到發展。馬斯洛向我們揭示了某些證據顯示，在以人的充分自我實現為最高目標的鼓勵下，人類心靈深處的本性究竟是怎樣的情況？以下加以說明。

一、八項假設

馬斯洛關於人類本性的部分提出了八項假設：

1. 每一個人的本性既反映他個人的獨特方面，也反映其所屬社會，包括種族、文化的獨特方面。

2. 我們有可能對這種本性進行科學的研究，去發現它究竟是什麼；不是去發明，而是去發現。

3. 我們稱之為邪惡的行，多半是人類內在本性受到創傷後的繼發反應。換言之，這並非人類的原始面貌。

4. 這種受到創傷後的內部反應，就我們目前所知，似乎在本質上並不是惡的，而是中性的或善的。

5. 既然這種內部本性是善的或中性的、而不是惡的，最好的方法就是把它表露出來，鼓勵它，而不是壓抑它。假使讓它指導我們的生活，我們就會健康、幸福地成長，而取得豐碩成果。

6. 假使這個人的根本核心（本性）得到否認或壓抑，人就很有可能會得病。

7. 這種內在本性並不像動物的本能那麼強烈，具有絕對的優勢，而且不出偏差的。它是微弱的、嬌嫩的，而且難以捉摸的，它很容易被習慣、文化壓力和不正確的態度所掩蓋。

8. 儘管這種內部本性是微弱的，但在正常人身上一般很少會消失，或許在病患身上也不會。即使它被否認時，它仍繼續存在，不斷地要求被實現。

最後，馬斯洛在論及人性的崇高、美好和可愛時，他這樣地提醒我們：

　　人類的生命，假使不把它的最高願望考慮進去，那是不可能得到真正理解的。個人的成長、自我實現、為健康的奮鬥、對一致性和自主性的要求、取得成功的嚮往，以及其他種種「向上」的前進努力等，必須毫無疑問地把這一切做為一種廣泛的、普遍的人類趨向而予以接受。如此一來，個人才能夠透過自己的力量解決自己的問題。但迄今為止，個人還未能做到這一點，因為他還未充分、完

全地發展自己的力量。至於個人內部的「善」的力量，也還沒有得到充分發展，還未被認為是世界的希望所在——除非面對那些罕見的生死關鍵時刻。人不一定要求助於上帝，他可以在自己身上找到所有潛能、力量和善良。

二、自我實現的特徵

馬斯洛充分了解他的自我實現理論，但在做為理想的條件下人類充分發展的可靠模式之前，尚須經過檢驗證實。至此，我們肯定一個健康的人，必然會追求自我得到更充分實現，而這些人都具有一些主要特徵：

1. 以積極的自我觀念進行自我指導。
2. 具有創造性，但對同樣的事物能再三反覆欣賞。
3. 接受人性，尋求種種方法來幫助人類。
4. 具有民主的生活方式，但又能夠相對地獨立於團體壓力。
5. 具有更多的崇高體驗，對神聖事業有深深的信仰。
6. 喜歡幽默，但不以損害他人為代價。
7. 對人類有深切的關注，無論是親屬、鄰里、陌生人，甚至仇敵均是如此。
8. 具有強烈的正義感，對弱者、窮人和受歧視的人尤具同情心。
9. 即使在不受歡迎、孤立無助的情況下，仍充滿活力，並以持續不懈的努力來支持合乎道德的決定。
10. 在生活的各方面均保持健康的整體性。

參 發展健康人格

在研究人員所探討的問題中，比較重要的有：那些極為健康的個人是如何發展出來的？什麼樣的背景易於培養出心理健康的人？儘管此一研究有相

當的局限性，而且目前尚在試驗階段，但仍有一些啟發性的傾向：就像運用心理健康的人格（mentally healthy personalities）此一術語一樣，庫姆斯（Arthur W. Combs）使用了勝任型人格（adequate personalities）此一術語，提出了一些值得繼續研究的思想。

一、勝任型人格

勝任型人格，一般對自己及其生活於其中的現實世界有積極的知覺，他們認為自己是被他人喜愛、需要、接受和能幹的人，他們生活於自己能夠應付的環境。這樣的自我概念並不是憑空產生出來的，這些是個人發展中取得的經驗之產物。當然也不需要一定得成為專家，設計出一種方案來引導人們了解自己和周圍世界的獨特方法。為了產生這樣一種自我定義所需的經驗，顯然來自於定義的本身。我們只需要經常這樣反省自己：

除非一個孩子有人愛他，那他又怎麼會感到被他人所愛？
除非有人需要他，孩子又怎麼會感到被他人所需要？
除非有人接受他，孩子又怎麼會感到被他人所接受？
除非他取得了成功，孩子又怎麼會感到自己的能力呢？

在對這些問題的回答中，包含著一些線索，使我們有可能創造出更易使人邁向勝任之路的生活情境。因此，積極的自我評定只能產生於積極的自我體驗、積極的世界觀，只有在那些發現自己的生活體驗在不斷提高的人身上才可能找到。由此看來，成為心理上健康的社會人，其先決條件之一就是要具有這樣一類的早期體驗，這種體驗能使人產生積極的自我情感。然而，許多人缺少的就是這一類的積極體驗。他們曾經有過那種體驗嗎？他們注定比他們可能取得的成功要差那麼多嗎？

答案是否定的。正如羅傑斯和馬斯洛所提出的，人們可以透過各種途徑使自己得到充分健康的發展。因此，我們可以這樣說：只要與另一個人保持熱絡親近的關係，就能夠促進此一過程的進展。對另一個人的基本信任關

係，有助於健康人特點的發揚光大，包括自我信任和對現實的接受態度。

二、人格獨立性

當人們在某些時候能夠獨處時，似乎也有助於人的獨立性成長發展，此時，人可以自己經歷各種人類的情感與感受。這樣的體驗使得他們進一步更能夠理解自己的人格（personality）——這是行為和思維一致與完整的過程。促進個人心理健康發展的一個方法是：在發展個人的社交、智力和職業能力時，努力取得成功。這當中包括艱鉅的勞動、學習怎樣集中精神，以及寧願放棄眼前利益而做出長期努力的毅力等。因此，在學業、工作和與他人交往方面的成功經驗，就顯得更為重要了。

另一個方法則牽涉到與新思想、新的哲學觀和新的人格之接觸，這可以透過閱讀、觀賞戲劇、欣賞音樂等方法來達到，還可以經由旅遊與結交新朋友等途徑來取得。此外，找到充分表達自己情緒的方法，也是對人很有益處的。就像前面所指出的，我們的社會中有許多人是在自我疏遠（alienate）與缺乏感受的能力上做事，他們甚至害怕去經驗與感受那些基本的人類情感。因為，任何一種使個人自我充分表現的關係或活動，都是對我們有益的。興趣和愛好、與朋友的深厚友誼，或是自由討論等，都有助於個人把自己的基本情緒表達或發洩出來。

逐步提高個人的獨立性程度是成為健康的人之另一途經。也就是說：一個人能夠漸漸地、愈來愈少地依賴他人，而更多地依靠自己的能力和價值體系。此外，在工作、家庭和社會團體中擔負更多的職責，也有助於增強個人的獨立性。在適當的場合中，自由地表達自己的感情，也能夠增強個人的自我價值觀。總之，當我們喜愛自我、接受自我時，可以使個人與他人更加接近，特別是更容易地與他人合作與共事。我們有必要經歷各種生活方式與文化等，這樣才能知道一個人的價值觀僅僅是許多個價值觀的一個，而真正的道德是超越於個人、家庭和社會等小團體的是非觀念之上的。

當我們朝著這些方向努力時，人會變得更富於創造性。人不必在任何情

況下都是那麼循規蹈矩的，在與他人交往時，完全可以顯得更自然與更隨意些。我們會發現解決問題的方法並不是「非此即彼」的單一選擇，而是有無窮多樣的解決辦法。因為我們都是社會人，在我們邁向進一步自我實現的道路上，一定要與人們發生關係。社會心理學家佩克（R. Peck）和哈維格斯特（Robert Havighurst）的長期研究顯示，一個對周圍的人們深切關懷的人，就會得到鄰里和朋友的高度讚揚。

三、對他人的關懷

在與他人有關或有聯繫的情境中，在決定行動的採取與否之前，他們大多會先對自己發問：我的行為將會對他人的幸福產生什麼影響？使人感到欣慰的是，具有高度道德水準的人，能夠準確估計出自己的智力測驗分數和學習成績，以及對他人的影響力。也就是說，高度推理水準和關切態度的人，會表現在對鄰里的關心，也表現在學習能力上。為了培養這些品質特點，佩克和哈維格斯特提出了下列四個重點：

1. 要培養一個人的理智態度和有效的推理能力，唯有一個確實的方法，那就是始終如一與耐心地對他們講道理，逐漸給他們更多的機會來自己做出決定。

2. 只要是社會的一份子，那他就不可能長期忍受他人對他的拒絕、拋棄或長期的阻撓與折磨態度。不管那些失望的憤世嫉俗者怎麼反對，或是精神混亂者怎麼輕視，有個明顯的事實是：他人的友好關懷態度是一切人的真正幸福所不可缺少的。

3. 假使我們希望他人的行為是可靠的、堅定的、真誠的，而且又有道德的，其唯一的方法就是要用完全同樣的態度對待對方。

4. 個人的自我實現，是在人生的每一階段之發展成長、學會與他人交往的成熟過程中，逐步發展起來的，例如：在談到青年人之間的相互關係時，羅傑斯指出：青年人剛開始時，可能對人與人的交往及如何生活一無所知，因為他們實際上還沒有與人交往的任何實際輕驗。

　　有時我們甚至會覺得，教育的重要目標之一似乎是要把個人培養成只會在隔離籠子裡生活；如果所有的教師都能認識和接受他們的教育對象是有可能犯錯的，而他們自己也同樣會犯錯，那我們的教育體系一夕之間就會得到徹底改革。要是他們能夠知道人類間的相互作用，不僅在他們自己的一生中，而且在他們學生的一生中，是一直會繼續下去的，那麼他們就會願意把真實的、公開的、互相的交往作為教育的一個組成部分。這將是一個偉大的開端，它是為生活於人類的世界而進行偉大的工作。然而，即使是這麼一個建議，就筆者所知，常常在教師及學校的行政人員中引起很大的恐慌，因為教師在學生面前，若以普通人的形象出現時，那就會顯現出他們也是有缺點的，因為他們也有各種情緒、情感，也會犯錯，有時也會被激怒。這樣一來，幾乎每個教師都有一個隱形、不會犯錯的假面具就會完全失去，這可是他們最寶貴的東西呢！

第三節　健康生活的實踐

　　培養和形成心理上健康的人格之第一步，即是逐漸加強對自我的了解。一個缺乏自我了解的人，猶如船沒有舵，就只能隨波逐流。自我了解能給予我們指導自己生活方向的手段與方法。

　　自我了解，包括對自己現狀的了解，還包括掌握自己可能的發展方向。當然，沒有人能夠做到徹底了解自己。事實上，要是我們真的徹底了解自己，那麼我們的生活又會變得多麼單調與枯燥，其關鍵在於我們的自我發現和發掘。我們努力地發現自己，發掘並運用我們內在的潛力，這樣的探索是極為有益、激奮人心的，因為它們是通往我們自己的人性道路。正是在這樣的探索中，我們的人格得到了發現和塑造。我們相信：人類發展的前景是無止境的。

與他人相處

要做到正確地理解他人，我們首先必須能夠對他人有基本的、合理的信任。基本的信任意味著，從我們與他人的初次見面起，我們就相信他人的誠實、正直，除非有充分的事實證明情況並非如此。關於與他人相處的信任感，牽涉到下列三個議題。

一、合理的信任

人，只有在感到自己被他人所接受和需要時，才會顯露出自己真實的一面。因此，心理學家在試圖去了解人的時候，總是會盡力設法使他們感到自己是被他人所接受和需要的。在日常生活中，我們可以看到對人的信任而產生的積極效果，例如：兒童在感到被他人所信任和需要時，他們的行為會顯示他們是值得人們信賴、需要的人；大學生被允許在沒有監考的情況下參加考試時，並不一定會發生舞弊行為，因為有幾位大學教授相信，學生基本上是誠實的，於是他們讓學生給自己評定成績，最後觀察發現，絕大多數學生給自己評定的成績與教授的意見是一致的。

二、移情的能力

另一個理解他人的方法是移情或同理心，也就是感受他人的思想、情緒，能夠用他人的思想方法進行思考的能力，這樣就可以用他們的觀點來理解對方。移情主要包括設身處地於他人位置這樣的一個過程，然而，這並不是說我們就一定要同意他人的觀點。在學會運用移情方法時，我們需注意勿以否定的態度來譴責、批評他人，因為這樣做只會使人為自己辯護，而無法顯示出自己的真實面貌。

三、博愛的精神

具有健康人格的人，往往對所有的人都抱持著熱愛、接受的態度。他們並不根據表面的特點來衡量他人，例如：經濟水準、宗教、國籍、政治傾向等，而是以高度個性化為基礎。心理健康的人既可以成為大學校長的朋友，也可以成為街頭小販的朋友，因為對他來說：重要的是人，而不是人的頭銜稱呼。以下我們具體來看看博愛的應用。

某個心理學家在一所頗具規模的大學裡教導一位富家子弟時，不斷受到其他教職員的打擾，他基於禮貌將這位學生向教職員做了介紹；然而，在向守衛老王做介紹時，這位學生起先覺得非常疑惑：他不明白為什麼守衛和教授受到同樣的對待，於是教授向他說明，因為守衛也是一個人。這位學生因而對教授懷有深深的敬意。後來，在守衛老王退休時，心理學系就像歡送教授退休一樣，為他開了一個歡送會，因為老王不僅僅是一位守衛，他更是一個熱情、聰明、可愛的人。

貳 在家庭生活中

所有的研究似乎都顯示，心理健康的人往往會保持著一種和諧的家庭關係。心理健康的人，其家庭本身也可能是很健康的。正如庫姆斯（Arthur W. Combs）所說，積極的自我概念是成為心理上健康的人之先決條件，因此，只有在尊重孩子、平等、莊重待人的家庭裡，才可能培養出心理健康的人來。所以，在能夠容忍人的獨特個性、家庭成員互相尊重的家庭中，每一個人才能朝著自我實現的方向發展。如前所述，人與人之間的信任也能使每個人自由發展與成長。

因為心理健康的人，會以客觀態度看待現實，在心理健康的家庭中，也就較少有「不誠正信實」的現象，於是家庭成員之間，就很少會有誤會或衝突發生，因為他們通常都能夠客觀地看待家庭中的問題，彼此分享自己的意

見與看法。這類家庭，一般不僅是很活潑的，而且往往處於不斷的發展變化中。他們不會死板僵化，這類家庭往往會共同尋求新的經歷、生活，並樂於接受新的思想。這類家庭，也往往允許各家庭成員的自主態度和內部情感的保持，因此，他們一般都不強迫家庭成員接受特定的信仰或思想，因為他們允許每個人自由探索各種思想及其價值、尋找正確的答案。

這類家庭也往往具有相當民主的作風，家庭中的問題由大家公開討論，共同探求各種可能的解決辦法。這類家庭還往往與各種生活階層的人保持友好的關係。一般來說，這類家庭在生活的各方面都顯得更有成效，無論是經濟問題、家庭內部矛盾，或生老病死等。而且，正因為能客觀地看待事物，他們會找出問題的癥結，以實事求是的態度解決之。

總之，心理健康的家庭是幸福的家庭，他們積極活躍，具有人道精神，他們不僅關懷自己家庭的成員，而且對其他人也抱持著深深的愛。更重要的是，這類家庭中有一種永續的關係，健康的家庭培養出健康的孩子，而這些孩子在他們的家庭中又培養出健康的下一代。心理健康的人往往被描述為具有童稚氣息的人，因為他們像孩子一樣，往往帶著天真的、毫無挑剔的眼光觀察世界。他們在遇到他人時，不需要用膚色、身分、職業等的先入為主之眼光，在他們與他人的交往中，完全任其自由發展與轉變。

參 在社會生活中

心理健康的人在個別交往中，一般都能相處得很好。那麼，當他們在俱樂部、社會團體、大的組織機構中與許多人一起共事時，能夠發揮怎樣的作用呢？他們與整個社會的關係又是怎麼的一種狀況？

這些問題最主要的特點就是：這些人具有一種民主的性格結構，也就是說，他們不考慮一個人的身分或所屬的社會經濟階層，而能夠與他人友好相處。他們尊重團體中每一個人的誠實與正直，因此，在他們加入團體活動時，都能夠堅信民主的基本原則：誰都有權利提出自己的意見與看法，而同

時也能服從多數，尊重少數的意見；這些人也能夠不屈從團體壓力，因為他們依靠的是自己的是非觀念，而不是盲從於群體社會中那些暗中的勸說者。這意味著他們堅持原則，敢於為自己的觀點辯護與爭論，當然，他們也會合理的遵從他人的觀點。

總之，心理健康的人對團體或社會中的任何人，都具有同情心。換言之，他是以人為中心的，而不是以團體或社會為中心的。因此，他對團體和社會生活的評價標準總是基於這樣的一個價值觀，因為他認為對他人的尊重具有最大的意義和價值。心理健康的人在團體、社區生活中的作用，雖然不是那麼令人愉快，他們也常常看到人與人之間不平等的現象就直接說出來，不管這種不平等是出於階級、財富或政治傾向等原因。

肆 在工作生活中

針對個人在工作中的議題，以下提供三個思考問題：(1)心理健康的人對工作的態度與其他人有區別嗎？(2)他們在工作方面的成就是否會更大一些？(3)他們在工作中往往得到更大的滿足嗎？

上述這三個問題的回答基本上都是肯定的。心理健康的人有一種傾向，他們對工作的看法與大多數人不一樣。發生這種情況的基本原因之一，就是這一類人的一個主要特徵：他們熱愛自己具有積極的自我概念，意味著他們對待工作有一種更為自由、更為樂觀的態度；他們並不是像很多人那樣：以失敗為目標，他們根本上是以成功為目標，並能夠接受新的工作、擔負起額外的責任，更不害怕挫折失敗。假使他們遭到挫折、犯了錯誤，他們會很乾脆地承認並向其主管報告。

另一個使他們在工作中更有成效的原因是，他們有客觀觀察現實的能力，因此，他們做出的決定是以事實為基礎的，也就能更正確有效。他們在工作中不會因為不準確的訊息而浪費時間，因此，他們的工作往往更有成效，其成效也就更大。他們更善於傾聽他人的意見，在工作中能夠與同事很

好地相處，在工作中也往往能夠得到更大的滿足，因為他們能夠強調同事們的作用，他們與他人的關係也會更為融洽。

心理健康的人具有的創造性，讓他們在對待工作時，有一種獨特的、與眾不同的態度。他們往往能夠把新思想、新方法運用到工作中去，因此，對他們來說，工作並不僅僅是為了賺錢，他們更能從自己所從事的工作中，得到激勵，而他們對生活的新鮮感和欣賞態度，又加強了這種興奮情緒。我們已經知道，心理健康的人之部分特徵是：能寬容待人、對他人有溫暖和強烈的感情、能夠客觀地判斷他人、在危機時刻能保持相對的穩定、在日常生活中具有創造性、與人友好相處、具有民主風格。

我們也知道，所有的人都能在心理上得到健康發展。他們可以在相當長的時間裡與他人保持熱烈的友好關係，學習對自己的能力保持不斷增強的信心，並保持學習、進取的強烈願望，以及發展和加強積極的自我情感。對心理健康的人研究之用途，那就是我們必須把研究成果運用到我們的日常生活中，並且親自去體驗。生活於家庭之中，給了我們機會來形成和發展健康心理的特徵，而在工作中，更加強發展健康的社會心理。與他人一起生活讓我們有機會來實踐和進一步發展這些特徵。確切來說，每個人都能成為自己人格的建築師，正如我們在照顧自己的身體健康一樣，我們可以發展自己更為振奮、更為愉快的人格。幾個主要的心理學理論是可以互相協調結合的，它們能夠對目前和未來的體驗，以及行為做出合理的解釋，並促進其發展，以促進社會與個人朝著深刻的人本主義之崇高目標而發展前進。

【生|活|故|事】

失智症與拼圖

　　近年來，失智症的患者愈來愈多。當一個家庭中有人得了這種病，一開始大部分的家屬都會以年紀大忘掉事情是正常的，而忽略了失智症的現象，等到患者的症狀明顯地超乎於健忘之後，才到醫院檢查，確認是失智症。失智症到目前為止，並沒有藥物可以治療好這個病症。醫師能夠提供的藥物通常只能延緩失智的情形，但不像吃感冒藥一樣可以將失智症完全治癒。

　　國內的拼圖市場並不算太大，而國外早已將拼圖做為治療方式之一。2013 年，國內媒體曾報導一個拼圖店老板與其失智症母親的互動情形，並且在沒有預設立場的情況下，讓其母親接觸拼圖，結果在一段時間之後，經過拼圖的過程與訓練，這位年輕人帶著母親到醫院檢查，醫生都驚訝其母親的失智狀況減緩很多，幾乎可以說是「無心插柳，柳成蔭」，這才讓年輕老板了解到原來拼圖可以減緩失智症的惡化。

　　在這個拼圖延緩失智症惡化的例子中，表面上只是給病患玩拼圖，其真正的關鍵是家人的愛與關懷。缺乏真誠的關心與照顧，就算拼圖有實際的療效，沒有旁人的耐心陪伴與關愛，也不容易減緩失智症的惡化情形。大腦雖然占人體體積的一小部分，但其耗用的能量可是很大的，除了要有充足的營養提供給大腦，也要不斷的靈活運用它，「用進廢退」不只是針對肌肉，也適用於大腦。

採訪上帝

　　我在夢中見到了上帝。上帝問我：「你想採訪我嗎？」

　　我說：「我很想採訪您，但不知道您是否有時間？」

　　上帝笑道：「我的時間是永恆的。你有什麼問題嗎？」

　　我問道：「您覺得人類最奇怪的是什麼？」

上帝回答道：「他們厭倦童年生活，急於長大，而後又渴望返老還童；他們犧牲自己的健康來換取金錢，而後又犧牲金錢來換取健康；他們對未來充滿憂慮，但卻忘記了現在；於是，他們既不生活於現在之中，也不生活於未來之中，他們活著的時候好像從不會死去，但是死去以後又好像從未活過。」

　　上帝握住我的手，我們沉默了片刻。

　　我問道：「作為長輩，您有什麼生活經驗要告訴子女的？」

　　上帝笑著回答：「他們應該知道，不可能取悅所有的人，他們所能做的只是讓自己被人所愛；他們應該知道，一生中最有價值的不是擁有什麼東西，而是擁有什麼人；他們應該知道，與他人攀比是不好的；他們應該知道，富有的人並不擁有最多，而是需要最少；他們應該知道，要在所愛的人身上造成深度的創傷只要幾秒鐘，但是治療創傷卻要花幾年的時間；他們應該學會寬恕他人；他們應該知道，有些人深深地愛著他們，但卻不知道如何表達自己的感情；他們應該知道，金錢可以買到任何東西，但卻買不到幸福；他們應該知道，兩個人看待同一個事物，會看出不同的東西；他們應該知道，得到他人的寬恕是不夠的，他們也應當寬恕自己；他們應該知道，我始終存在。」

啟示：「上帝」的話，字字珠璣，讀完之後我們似乎都會感慨良多，這些似乎都是我們生活中最簡單的真理，可是我們卻往往對它們視而不見，似乎只有他人的提醒我們才能豁然開朗。多花些時間反思自己，反思一下自己的生活方式，別讓自己的生活變得盲目。

思考問題

1. 何謂「健康的社會人」？請從實際的例子來說明。

2. 何謂「健康的社會生活」？請從實際的理由來說明。

3. 要發展自我實現的健康人，必須實踐哪些項目？

4. 馬斯洛關於人類的本性部分提出了八項假設，包含哪些？

5. 一個健康的人，必然追求自我得到更充分實現，而這些人都具有哪些主要特徵？

6. 什麼是勝任型人格？

7. 何謂人格獨立性？

8. 關於與他人相處的信任感，牽涉到哪三個議題？

9. 為何只有在尊重孩子、平等、莊重待人的家庭裡，才可能培養出心理健康的人？

10. 為何心理健康的人，工作上更有成效？

第十三章

整合人類共同的生活體驗：
和諧的社會生活

現代的社會活動，是具有創造性、享受性與高度適應性的活動，絕對超越早期較為簡單的社會和自然環境之特徵。目前個人的行為是由於他人行為而產生的變化結果，而大量持久的行為則由不同文化和社會背景所約定。其中，社會心理學就扮演著關鍵性的闡釋者角色。

壹 做一個社會人

雖然我們深受複雜的、變幻莫測的社會環境與遺傳因素的影響，而且一般看來，我們好像與我們的社會不易分割開來，但我們仍能改變被動的地位，成為左右世界和生活的創造者。我們有必要活躍在這世界上，並進而改變它，過著更和諧、更愉快舒適的生活。在生活方式中，有許多是他人在很久以前所選定的，很多年輕人感覺到現在的社會制度並沒有造就一個能讓人生活得更好的世界，它們未能跟上科學、技術、教育、通訊、政治和社會生活各方面的交集。

既不滿過去，又懷疑現在，年輕人需要有決定和塑造自己未來的發言權。若是年輕人的活力和創造力與現存的機構和制度所代表的智慧相結合，

那麼它或許能產生一個可以不斷更新和創新的社會，而這樣的社會對人類取得自我實現的不懈努力是必不可少的。約翰‧加德納（John W. Gardne），美國前健康、教育和福利部長（Secretaries of Health, Education, and Welfare），在其《自我更新：個人的和創新的社會》（*Self-Renewal: The Individual and the Innovative Society*）一書中寫道：

> 若是社會的主導方向不是面對著未來，那麼無論哪個社會，它都不可能自我更新。這並不意味著一個社會可以無視自己的過去，一個民族要是沒有歷史學家，那麼就會失去活力，變成殘廢，就如同患有記憶缺失症的個人一樣，他們就不會明白自己是誰。在幫助社會認識自身的過程中，歷史學總是具有更新動力的作用，但在革新社會的過程中，歷史學家是以借鑑過去的方式來為現實未來服務的。

貳 和諧的社會

一個人是無法離開社會的，我們不斷地對社會中大量不同的情況做出反應，於是，邁向和諧社會是人類的終極願望。但是，在現實生活中，有的社會更具有和諧社會的傾向，它們鼓勵人的自我實現，而在有的社會中，甚至精神病的特徵才是正常的。有一個說法是這樣的：「人，生來是人，但必須獲得人性。」

近年來，有些社會工作者悲觀地說：「我們都在扮演我們的角色，然而我們卻減弱甚至抵消了我們的共同情感。」就這麼一句話，說出了我們每個人每天都要面臨的一大困境：如何在一個技術高度發達和日新月異的世界中扮演我們的角色，而又要保留愛、憐憫、同情和利他主義的人性。因此，一個和諧的社會是我們的共識，也是我們對未來的終極盼望。

我們都關心我們自己的未來，每個人都想知道自己能為創造一個更美好

的世界做些什麼。雖然社會現實是殘酷的：大學畢業生22K起薪的現實、離鄉背井到海外打工的無奈、政府的無能為力，明天的世界都寄望在青年人身上，但這些都是一種考驗與歷練，他們熱切地盼望能突破目前的困境，面對這種挑戰經驗和機會，這一切有助於他們在未來社會中求得生存發展。

參 需要和諧社會

面對未來的挑戰，我們需要創造一個和諧社會，好讓我們及世代子孫有一個安身立命的美好環境，這是我們的共識。密西根州立大學（Michigan State University）社會研究所（Institute for Social Research）花了大約二十年的時間來「監視」美國的生命質量，坎貝爾（Angus Campbell）、康弗斯（Philip Ernest Converse）和羅傑斯（Willard L. Rodgers）教授之研究，有著一段含蓄評語：

> 一個民族必須將其著眼點從基本上是經濟的目標移到本質上是心理的目標上，從致力於富裕轉到關心健康這一意識上來。

另外，在絕大多數私立和公立的社會機構和協會之支持下，美國醫學協會（American Medical Association）評價了從出生到死亡的生命全過程——《生命的質量》（Quality of Life），其目的在於尋找更多的有效方法，幫助我們在生命的不同階段實現全部的潛力。生命質量的改進不能依賴於機會和好運氣，人類應該不讓自己悠哉悠哉地混過一世，即使犯錯，我們也該樹立起生活的目標。再者，隨著科技的進步，可能也要以宇宙的觀點審視人類。弗蘭克·博爾曼（Frank Frederick Borman）說：

> 我們是漂浮在宇宙間的一大塊由土、水、空氣和雲彩組成的東西，從外表來看，它的確就是一個世界。但應該清楚地認識到，我們只不過是地球上四十億左右的乘客，分坐在百多個有名稱的區域

裡，我們在寒冷空洞的、永無盡頭的軌道上運行。除非當我們不斷
為區域的界線位置發生爭執時，我們忘了自己的處境，不然我們總
會記得我們都是搭乘一隻並不堅固的小船、一同永遠航行的旅客。

和諧社會是一個沒有恐懼的安詳社會，當今台灣面臨經濟發展與社會安
全的兩難選擇困境：政府強調核能發電（核四的興建）是經濟發展不可少的
工具，然而大部分的人民卻以社會安全為反對訴求，例如：2013 年 4 月 13
日立法院院會表決民主進步黨提案核四停建議案，結果以 55：46 被中國國民
黨否決，留下社會民意分歧與不和諧的種子。經濟發展與社會安全，何者為
重？兩者是否可以並存？值得繼續關心。

第二節　發展和諧社會的途徑

發展和諧社會是我們重要的時代任務，這個工作必須從社會活動開始進
行。社會活動的存在包含兩個層面：物質與精神。然而兩者之間，以及相對
彼此之間存在著隔閡而難以跨越，這也就是所謂「實現差距」。我們高度發
展的社會在滿足我們的基本需要（即馬斯洛邁向自我實現和超越的階梯模式
之最低層級）方面邁出了巨大的步伐，然而儘管有了一切，我們卻忽視了人
性更高層次的需要。

當歷史學家要編纂二十世紀人類歷史的時候，或許可以這麼說：我們最
大的悲劇不在於可怕的地震、連綿的戰爭或者投擲於日本的原子彈，而在於
千百萬的人活著、死去，絲毫未認識到蘊藏在自己身上未被釋放的、巨大的
人類潛力；而在於如此眾多現代人的生活中，僅僅滿足於安全、溫飽以及電
視連續劇和漫畫影片對其感官的刺激；而在於我們之中有那麼多人，從不知
道我們究竟是誰或者我們能成為怎樣的人；我們之中有那麼多人直到生命終
止，仍沒有獲得全面的心理發展。

壹 人在社會中

討論這些觀點和過程，有助於縮小現在的發展狀況與我們為所做的努力之間的距離。在我們尚未理解我們自己之前，我們是很難學習理解：

1. 生態學：我們與環境的關係。
2. 社會關係：我們與周圍人的關係。
3. 我們存在關係：我們與整個人類以及我們生生不息的關係。

一、個人社會化

尋找能解決主要社會問題的技術途徑，就目前的情況而言，這種途徑不是太簡單，而有可能是錯的。也許我們更應該從人類本身的內部，去尋找、創造和鑑別我們未啟用的潛力之種種辦法。在人性和技術能結合起來，尋找改善現今和未來生活的更有效方法之前，首先需要縮小實現差距。許多教科書會將社會化（socialization）定義為，將一個人塑造成能為社會所接納的過程，或學會與群體成員相處，並依照他們行動的過程；也就是說，只要一個人學會某一個特定社會或社會群體的方式，並在其範圍內有所作用，他就被認為是社會化的人。這類定義雖然是客觀與科學的，但仍不能適應現在和將來的要求，因而它們必須得到修正。

筆者建議在「社會化的」之外，加上「充滿人性」這一詞，因為僅僅適應任一社會的主導準則是不夠的，或甚至是不合乎需要的，例如：適應獵取人頭部落的準則或第二次世界大戰中納粹德國的準則，無疑不是具有完整人性者的行為。我們早就知道世界上有些經歷能使人變得如同野獸：到了某一程度，我們曾那麼珍視的愛情、美、真理和其它一切都會終了。我們應該獲得人性，它引導著我們成為更完善的人，這樣我們才能創造一個尊敬和讚美一切人性的世界。

一個「具有人性且社會化的」人，他受到的培養是不僅要看重自己，也

要尊重他人的生命和成長，這種人不僅重視自己的生命和成長，而且重視世界各地、穿著「不同服裝」、皮膚和靈魂的一切人之生命和成長；他是「為全人類的」，既能透過自己的眼睛，也能透過他人的眼睛去了解他人；既能透過自己的心靈，也能透過他人的心靈去感受他人。我們相信，要在現在和未來的世界裡過更具人性的生活，有某些必要的尺度，它們存在於和諧社會的行為，例如：關懷社會、道德以及利他主義，或者關懷、分擔和幫助。

二、社會關心

　　精神分析家阿爾費雷德・艾德勒（Alfred Adler）曾指出，人類生來就有一種社會感情，一種與其同胞親密聯結的固有關係。但是，只有透過一個互相關心的群體或社會中的社會化過程，這一社會關心才能從天生的傾向中得到發展。依據艾德勒的觀點，一個人假使在一個缺乏社會關心的社會裡或家庭之中，那麼這種缺乏就是造成個人精神病和偏離社會的根源。社會學習理論家則強調觀察和參與關心的行為，有研究顯示，積極地參與及關心的情形，對比於模仿或推論，往往更能有效地增加有益行為的可能性。

　　對於社會關心的感情，可以使用同類感情（fellow feeling）一詞，因為這種感情傳達了我們與人類其他成員的感情關係。同類感情表達了個人與人類其他人的一體感，所以當在世界另一個地方發生了慘劇或喜事時，我們的心中會產生相應的悲痛或愉快的感情，即使發生在我們從未看見過的人身上或我們不曾到過的地方。1999 年台灣發生的九二一大地震與 2001 年 9 月 11 日發生在紐約世貿大廈爆炸案所呈現的社會反應，就是很好的例子。

三、利他主義

　　利他主義（altruism）是指，為他人的幸福而做出的無私之援助行為。當面對社會問題時，利他主義者在決定做出行為之前，會為一切有關的人仔細研究特定的情況，其辦法就是用心理盤算種種可供選擇的解決方案（形式運

算思維），以及它們在目前和將來的運用。在仔細研究之後，他們認為怎麼做才是合乎道德的，而並不僅僅是因為「這是件要做的事」。由於世界環境在繼續惡化中，對利他主義的需要也在不斷增多，馬森（Paul Henry Mussen）和艾森伯格（Nancy Eisenberg）對類似關懷、分擔和幫助這些和諧社會行為的根源，進行了探索性研究，他們的結論是：

> 生命質量的提高，必須以個人的行為變化做為開端，特別要更多地關心他人，同時要樂於奉獻相當的努力和精力，來促進他人的健康和幸福——確保整個人類都能享受基本的尊嚴、自由、權利和機會。

到目前為止，他們的研究顯示，嬰兒早期對母親的依戀會延及他們兩歲時與其他孩子的娛樂及交往中，而且這可能是後來利他主義的主要先驅。1960 年代，許多年輕人積極地參與了民權運動，對這些人的早年經歷之研究證明，他們的父母也曾整個投入反抗非正義的鬥爭中。相反的，那些只是在口頭上控訴社會弊病而未實際參與反抗行動的年輕人，他們的父母年輕的時侯也不曾參加過任何行動，只是嘴巴說說而已。有益的社會行為之其它前例可參考歐文·斯托布（Ervin Staub）的兩本專著中，描述如下文：

對他人的心理狀態具有敏感和易反應性。

在日常交往中有合作和幫助的態度。

樂於做出物質犧牲，能與他人分享和給予他人。

在突發事件中能做出反應。

樂於介入重大的、潛在的或實在的犧牲，並承擔風險。

有參與社會和（或）政治行動的願望，以此來增進同一社會中（或世界上）其他人的幸福。

因此，不管是哪一個時代的人，要是他們想更具備和諧社會的行為，他們就需要有能積極參與關懷和同情他人的行動經歷，需要履行有助於共同幸

福的義務，因為一旦人際關係破裂後，「好人」的無人性行為就會永遠地迫害著被稱作「公眾、他人、路人、士兵、居民、敵人、反對者、學生」等的無名人物。不管我們是否認知到這一點，我們的生存及其質量會不時地依賴於他人的關懷、分擔和奉獻。

貳 教育社會人

和諧的社會建立在健康個人的基礎上，然而個人的健康與否，需要依賴教育的過程，透過教育縮小實現差距，以便改進未來教育的質量。教育的過程必須與知識發展保持同步，因此，下列三個項目值得我們加以思考。

一、知識結構

在社會科學、數學、自然科學和語言學方面新發展的研究項目，強調知識結構：構成講課內容有意義的框架和基礎的基本觀點、法則、方法和態度。換言之，當學生掌握了一門科目的知識結構後，他們就能學習更複雜、更高級的課程，因為他們已具備了所有基本原理的實用知識。在其獨創性的研究中，布魯納（Jerome Seymour Bruner）提出了教導知識結構的四大好處：

1. 基本原理的理解使學科科目變得更容易領會，這不僅僅在物理學和數學方面，而且在社會科學和文學方面也是有著相同的情形。

2. 仔細地研究一百年之後，對人類記憶的理解之最根本一點是：假使細節不是被放在有結構的模式中，那麼它很快就會被遺忘。一位科學家是不會去記住在不同的引力作用場中，花費不同時間的落體所經過之距離。相反的，他記在腦袋裡的是一條公式，依照這條公式，他便能以不同程度的精確再現，也能非常容易記住這個公式所需要的種種細節。

3. 對基本原則和觀點的理解，似乎是邁向完整的訓練轉移（transfer of training）的一個方式。理解一個更具普遍意義的特定例子（也就是理解

更為基本的原則或結構的要求），不僅認識了某一特定的事物，而且也認識了一個將來或許會遇到的、有助於理解其它類似事物的範例。

4. 透過不斷地複習在小學和國中所學材料的基本特徵，學生就能縮小高級的知識和「初級的」知識之間的差距。

二、全球教育

對未來教育的一大挑戰是：使全人類做好準備，去生活在一個大家共有的全球性社會裡。現有的問題是全球性的問題，其影響能在全世界引起地震般、可能無法挽救的波動。還有：現今，沒有一個國家的教育能完全適應世界環境、事件和問題的現實。假使已知現今世界和預見的未來本質，每一種教育系統都應該比現在更充分地反映這類事情，例如：人類的整合和差異、國家和民族的獨立，以及創造一個能被接受、被未來所需要的國際合作。

對各級教育工作者的挑戰是發展一種人本主義的教育，此一教育方式合乎自然資源短缺、種族繁多和文化差異的地球上互相依賴之現實，它涉及到題材、互相制約關係和觀點方面的新舊因素。全球教育與人類大家庭中的所有成員之共同點和差異有關，這種關係的五大方面是：

1. 提高了對人類整合和差異的認識。
2. 對所有人、所有的權利表現出毫不動搖的尊重，所有的人，包括最弱的人、最窮的人、最重病的人，以及最不合心意的人。
3. 在人類聯結的「生存鏈」（living chain）中的所有相互依賴。
4. 提高對此一生態事實的敏感性，也就是我們現在對地球所做的一切，會影響到後代如何在這唯一的地球內生活。
5. 對我們的四鄰表現出更多的利他主義，這些鄰居和我們共同生活在一個星球上，而這顆星球永遠奔向个能確定的目的地。

美國私人和政府機構正在發起一項長期的規劃，名稱叫作「學校教育研究」，這是在為全球時代的有效教育做準備。該計畫的第一本書——由貝克爾（James. M. Becker）所著的《全球時代的學校教育》（*Schooling for a Glo-*

bal Age）（1979 年出版），其總結說：現在對於全球生活的教育就有迫切及巨大的需求。

三、新教學方法

新教學方法即是指，在授課時，透過不斷的回饋、循序漸進的學習方法。教學輔助方法，例如：附加習題及題解的學習，以及電視、語言實驗室和運用電腦的教學等，都是用來幫助教師更有效地能與學生交流，而不是被當做教職員與學生接觸的替代物。電腦界巨擘國際商用機器公司（IBM）預測在 2018 年，電腦將具備五種感測能力：看、感覺、聽、摸、聞。而現在非常流行的電子書及其配合銷售的素材，都替未來的教育方式提供了無限寬廣的想像。另外，學習和教育必定會由於這類技術的發展而變得日新月異，這些技術若能被運用在教育之中，將使個人能獲取無限制的幫助和經驗。

四、師生關係

從根本上來說，教育是社會使其成員適合於社會生活的努力之一種擴展。我們以美國教育來看，由於美國社會是多元化的、複雜的和不斷變化的，教育體系就必須尊重這些不同的特徵，其課程的內容、方法和成功教育的定義應該具有多樣性，以適合社會的、感情的和認識的風格上之種種差異。詹姆斯・科爾曼（James Samuel Coleman）在 1966 年曾著有《教育均等》（*Equality of Educational Opportunity*）一書，該書是迄今為止對美國初等和中等教育體系有著最詳盡的研究。作者的結論說：那些中產階級是能夠發揮巨大的社會功能者，其成功率最高，因為配合絕大多數學校教師所持的中產階級價值觀。然而，家庭背景較差的孩子，其價值觀則不為人們所重視，反過來說，這些孩子就忽視了學校教育。

對一個孩子來說，其家庭的價值觀和生活方式就像是呼吸的空氣，缺了它，他便會「窒息」。卡茲登（Cazden）的研究顯示，只要教師能以生活在

底層裡的孩子所熟悉的「黑人」英語授課，那麼這些黑人孩子就能與中產階級的白人孩子一樣學得很出色。另外，某些學者也發現，以平均年級衡量的學術成就，和教師對學生的文化與語言背景的了解之間的顯著關係。換言之，當教師尊重了個人的差異，學生便會以更多地學習教師所教授的課程做為回報。

參 發揮社會潛力

重大的社會變化或創新是很少的，而且間隔時間較長。與技術發展相比，社會變化需要占二百個生命期，而不是一個生命期。技術的發明需要有相對應的社會發展，而新技術本身也會造成社會的新發展。我們需要創辦和支持社會創新中心（social invention centers），我們再也不能依賴現存的組織機構，包括如學校、執法機構和政府機關等，來促進人們相互關係的新方式。現存組織的主要任務是提供其基本的服務，關心自給自足。康格（Conger）為獨立性的社會創新中心之建立做了如下的陳述：

> 我們目前的法律、教育、福利和地方政府的體系，能直接地追溯到二、三、四甚或五千年以前，幾千年的變化對這些體系做了某些修改，但並未創立全新的體系。再者，社會體系通常來說多數是壟斷者，當然也就不大容易接受變化或替換。公民無法做出上學、在監獄、上法庭或去福利機關的選擇！

在回顧教育的發展背景時，我們必定會有深刻的感觸：

學校發明於西元前 3500 年的蘇美爾文明，
教師合約出現於西元前 445 年，
由國家資助的學校出現在西元 75 年，
有證書的教師出現於西元 362 年，

教師薪資表出現於西元 376 年，

教師培訓出現於西元 1672 年，

課堂教育出現於西元 1684 年，

職業教育出現於西元 1695 年，

義務教育出現於西元 1717 年，

成人學校出現於西元 1754 年，

公立學校出現於西元 1763 年，

幼稚園出現於西元 1837 年，

授課的正規步驟出現於西元 1838 年，

教育訓練出現於西元 1845 年，

教育指導者出現於西元 1909 年，

教員助理出現於西元 1953 年，

電視教育出現於西元 1956 年，

有習題和解答的教科書教育出版於西元 1957 年，

由電腦輔助的教育出現於西元 1960 年，

遠距離網路教學開始於西元 1980 年代，

……

在學校和大學創辦後的所有創新，使教育變得更有效了，但它們並沒有改變教育「機構化」的本質。我們必須學會將社會問題，看作是目前社會制度沒有做到它們原本該做的工作之標誌，而不是人類本性弱點的跡象。人們需要新的社會創造：當帆船不管用的時候，汽船發明了；當病人死於染病的時候，醫生便會尋找抵抗疾病的新藥物或治療方法；當舊車款銷售不好的時候，汽車公司就會開發更好的車子。

一、人類成長中心和診所

人類成長中心和診所（human growth centers and clinics）的主要目標，在

於幫助人類發展和恢復其潛力，其功能與作用是不能被低估的。第一批旨在發展個人潛力的成長中心之一建於 1961 年，地點在美國加利福尼亞（California）的大蘇爾（Big Sur），該中心名叫埃沙倫院（Esalen Institute），它座落在一處俯視太平洋的懸崖上。人們可以來參加一個星期或一個週末的刺激性之相互交流話題，包括：呼吸和認識、幻想的產生、隔離和孤獨、文學、感情和身體、創造性和認識、身體感覺、存在感和偶遇等。該院的目的在其公告中得到了說明：

> 埃沙倫院是探索那些在行為科學、宗教和哲學方面，強調人類生存潛力價值的趨勢之中心，其活動包括本冊子所描述的專家討論會和實驗班、研究和諮詢計畫，以及探索教育和行為科學方面新動向的長期規劃。（「埃沙倫計畫」，1968 年）

自從埃沙倫院創建以來，有五萬人參加了這些計畫，並有其它三十多所中心在美國成立。雖然該院的許多活動仍然是實驗性的，但有更多的心理學家、社會學家、精神病醫師，甚至還有教士和牧師，對此產生了興趣，並將研究轉移到這個方面來。在大都市裡，這些眾多的計畫將給居民帶來便利；在未來，為了進一步的自我更新和邁往自我實現，去這類中心將成為我們日常生活的一部分。

二、自助運動

自助運動（self-help movements）或互助小組包括解決團體組織的問題，將具有相同要求或障礙的人聚集在一起，透過與其同伴真誠、坦率的交談，來解決或理解自己的困境。卡爾·羅傑斯（Carl Rogers）認為：「迄今發現有助於積極的學習、生長和變化，在團體內最見成效的辦法是深入細緻的體驗。在一相對來說無結構的、無威脅的，又無領導者的環境中，人們往往能找到自己最好的方式來改善他們的生命質量。」

此一和諧社會行為的精神，最顯著地體現在聯合國教科文組織（United

Nations Educational, Scientific and Cultural Organization, UNESCO）的工作之中，該組織專為幫助全世界的兒童工作。世界精神健康聯合會（World Federation for Mental Health）曾出版過一本名為《文化形式和技術變化》（*Cultural Patterns and Technical Change*）的手冊，米德（Margaret Mead）在她為此手冊寫的引論中說：「更為急迫的是，在二十世紀內出現的種種破壞性力量，嚴重地干擾了我們所居住的世界，這樣一來，我們就有理由在這個世界上保持忠誠，對將來的人類生活有一個合理的信念，這點是萬分重要的。在消除長期恐懼的技術方面，全世界的人所能共同具有的速度和益處，決定了我們能抱有什麼希望。透過教育的過程，對人類潛力的挖掘和發展，實現差距就能得到消除。教育的新進程包括運用教育技術更有效地向愈來愈多的人傳授知識結構。對潛力的探索包括社會創新中心的需要，和從心理上、生物學上及社會學上對人類進行的研究。」

第三節　和諧社會的實踐

不管人們對未來世界所預言的一切變化是多麼令人興奮，以及對人類具有怎樣的挑戰性，對人類將怎樣面對這些變化的最終答案，只能在我們（作為獨特的、有創造力的和生長的個人）自己本身找到。

壹　從自己開始

自動化、電腦化和超音速的明日世界將會更珍惜個人，因為只有人類才能奉獻智慧和主導方向，才能制定電腦軟體所依據的指導原則，使大家更好地生活在適合自我實現的社會中之使命。因此，對我們在明日世界裡所處位置的看法極為重要。

有一位作家，當他還在讀大學的時候，曾自問自己將對其生命做些什

麼。他順路拜訪了一位他十分喜歡和尊敬的教授。當他們坐下來討論對自己和將來的種種疑問時，那位教授突然問他：

「當你老了，行將就木的時候，有什麼事能使你帶著笑容死去？」
「您的意思是……」那位作家用不解的口氣發問。
「我的意思是，有多少人的臉上會帶著痛苦、懊悔和悲哀死去。」

事實上，筆者也聽到過許多上了年紀的人說：「但願我能從頭活起」。
我們應該試著想想，我們打算在生命旅途中做些什麼事情，才能使自己笑著死去？也才能在生命的最後一刻說：

「我覺得我度過了美好的、對自己有意義的一生。」

教授的問題當然無法馬上就能回答的。但自從許多年前的那一天後，作家就常常問自己這個問題，特別是當他在某一特定時間裡，對自己所作所為的意義發生懷疑的時候。這種自省使他能將其生活的真正重要和具有人性意義的相關事務，從自己深陷的死板和瑣碎的事務中區分開來，如此做不但有助於指點生活的方向，更有助於理解什麼才是真正重要的和不重要的價值觀。該作家所處的境地，也就是讀者中大多數人在各自的生活中所處的境遇，在這種情形中，我們或許會問這樣的問題：

我是誰？
在這個日新月異的世界上，我將走向何方？

在這一個地方，將會探討我們未來將會面臨的一些經歷：
1. 我們現在對自己和他人行為的了解。
2. 在未來的世界裡，我們將會體驗哪些經歷，例如：教育、找工作、結婚、養育孩子、生活於團體之中、參加社團、扮演不同的角色等。
3. 在我們和孩子的生命中，已發生過、正在發生的和將要出現的某些遽變。

　　另外，我們也希望能答覆那位教授所提出的深刻問題：「我怎樣才能過著美好的和有意義的生活？」

貳 與人和諧相處

　　在二十一世紀的全球化世界裡，能夠與親朋好友，甚至陌生人和諧相處，是非常必要的。我們與人和諧相處所應具備的態度，有著下列四個特點。

一、開放態度

　　與人和諧相處的首要特點，是對變化的開放態度。現在和未來對人們所要求的第一個特點是：對世界現實和他人有高度的開放性和靈活性。但我們知道，這對許多人來說，不是件容易的事，特別是他們對自身沒有一點把握的時候。也就是說：為什麼我們必須在自己和孩子身上發展某些自我實現型者之人格的特點。如前所述，要這麼做，先得要有一種自愛，有一個積極自我概念的發展。

二、友愛

　　其次是與人和諧相處的友愛。世界愈來愈小，人口卻愈來愈多，此意味著全世界各地的人與人之間之聯繫和接觸更為緊密了。大家一起住在大城市裡，這種狀況要求人們對人類其他種族和文化有高度的耐心和參與。從筆者的立場來看，在這種狀況下，最重要的特點之一，就是發揚友愛精神。團結一心，善於理解，加上尊敬關懷和對他人負責，這些都是必要的。為了自己的生存，我們將更多地依賴他人與相互依賴。正如庫姆斯（Arthur W. Combs）和斯尼格（Donald Snygg）所說：「我們的社會是那樣的複雜和相互關聯，以致於我們之中幾乎沒有什麼人能離開他的夥伴，哪怕是很短的時間。不管我們是否喜歡，我們完完全全地有賴於他人的善意。」

三、創造性

涉及有效解決問題的創造性將具有特殊的重要性，因為快速的變化常常給我們許多基本要求的滿足方面帶來了問題。創造性是指新的和不同的辦事方式，當我們在社會解決問題的時候特別需要具有創造性，因為舊的方法可能無法處理新的狀況，唯有使用創造性的思維，才有辦法解決新的問題。

四、責任感

身為父母，當我們為明日世界養育孩子的時候，我們將承擔著更多的責任，我們將幫助孩子培養勝任感，以掌握作為明日世界公民的責任。作為世界公民，我們在這日益縮小的世界上將承擔更多的責任；在一個民主的社會裡，履行我們公民的權利，和其他人一同工作，解決共同的問題。

參 在和諧社會中

在和諧社會中生活，是我們作為一個社會人的終極願望。首先，為了完成這個願望，有賴於每一個人的自重以及對他人的尊重。

一、四個關鍵

首先，每一個人都有被當作有價值的個人，並得到應有的對待和尊敬的權利。不管他來自什麼種族、信仰什麼宗教、屬於什麼國籍、有多少財產、天賦或從事什麼職業，一個人和其生命，在根本上是有價值的和神聖的，因為他是人類中的一員，其它特徵則是次要的。其次，每一個人都有獲得達到自我實現和超越的機會之權利。

第三，每一個人都有做利他主義者的權利，也就是實踐「己所欲，施於人」的黃金法則。我們每個人都有關懷、幫助和愛護他人的權利。試想一下，假使周圍所有的人都是利他主義者，我們將會感到多麼地安全和舒適，

這是非常奇妙的！第四，每一個人都有保持差異的權利。正是我們之間的差異造成了如此多采多姿的生活，也正是我們能從他人那兒學到別的東西，我們才能持續成長。

傳統的社會壓力已經使好多的人變成了邊緣人，以美國為例，儘管這個國家很富強，但它仍然失去了許多由少數民族帶來的文化和語言的豐富多采，這些少數民族，包括：德國人、法國人、黑人、俄國人、希臘人、義大利人、西班牙人、東方人，以及其他一些民族，他們已融入於整體社會之中，在多年之後，再也分辨不出來了。

二、新教育過程

許多國家已認識到了這些失誤，並在努力研究不同的文化和語言，這樣一來，我們將能學會怎樣比以往更多地培育人民中有價值的差異。我們似乎可以做出這種合理的結論：目前最重要的泉源在於世界尚未開發的人民之中，也就是那些與我們鄰居一樣的人民。人類在自然界中已取得了廣泛的和不平衡的發展，現在我們必須花費精力從心理上、生理上和社會學上填平這個不平之處。透過運用新的教育方法，以及探索和發展人類的潛力，實現差距就能被消除。

強調知識結構的新教育過程，可見於新數學、語言、自然的、社會的科學計畫之中。從電腦制定計畫、循序漸進的教科書和機器，以及新的視聽輔助手段之運用中，我們可以觀察到教育技術的產物。這些進步，加上對學習興趣的提高，將會產生一個在規模和程度上能與技術和訊息激增相匹敵的教育發展。人們愈來愈認識到，人類的潛力之中只有一小部分得到了發揮。因此，可以合理地下結論說：假使這種潛力的大部分得到實現的話，它將會導致尚未利用的才能和創造力的充分實現。消除實現差距的努力，主要包括：提高教育水準、改進教育質量，以及開拓我們的社會和生理潛力。

【生|活|故|事】

選擇你的目標

有位哲學博士漫步於田野中，發現水田當中新插的秧苗竟然排列得如此整齊，猶如用尺丈量過一樣。

他不禁好奇地問在田中工作的老農夫，是如何辦到的。

老農夫忙著插秧，頭也不回地要他自己取一把秧苗插插看。

博士捲起褲管，喜滋滋地插完一排秧苗，結果竟是參差不齊、慘不忍睹。

他再次請教老農夫，老農夫告訴他，在彎腰插秧的同時，眼光要盯住一樣東西。

博士照他說的做了，不料這次插好的秧苗，竟成了一道彎曲的弧線。

老農夫問他：「你是否盯住了一樣東西？」

「是呀，我盯住了那邊吃草的水牛，那可是一個大目標啊！」

「水牛邊走邊吃草，而你插的秧苗也會跟著移動，你想這個弧形是怎麼來的？」

博士恍然大悟，這次，他選定遠處的一棵大樹。

啟示：目標的確定與選擇對於一個人的發展而言具有重要的作用，古人所說的「取法其上則盡得其中」就是這個意思。目標決定了一個人的奮鬥方向和其要付出的努力。國外大學曾經做過一個有名的試驗，畢業時有明確目標並有具體實施計畫的人最後大都成功了。依金錢衡量的話，這部分人的確占有整個社會絕大部分財富。當然，金錢和財富不一定是衡量成功與否的標準。但目標的有無，對成功而言無疑是有很大作用的。

思考問題

1. 如何做一個社會人？

2. 「和諧的社會」是怎樣的社會？

3. 何謂實現差距？請舉例說明。

4. 一個「具有人性且社會化的」人，其特性是什麼？

5. 何謂社會關心？請舉例說明。

6. 何謂利他主義？

7. 教導知識結構的四大好處，是什麼？

8. 全球教育與人類大家庭中的所有成員之共同點和差異有關，這種關係為何？

9. 為什麼教師尊重個人的差異，學生的回報是什麼？為什麼？

10. 我們與人和諧相處所應具備的四個特點，是什麼？

參考文獻

Social Psychology /8e (2012)
By Elliot Aronson, Timothy D. Wilson & Robin M. Akert

Social Psychology /12e (1996)
By Robert A. Baron, Nyla R. Branscombe & Donn R. Byrne

Critical Thinking in Psychology: A Unified Skills Approach (1997)
By D. Alan Bensley

The Science of Emotion: Research and Tradition in the Psychology of Emotion (1995)
By Randolph R. Cornelius

Social Psychology /7e (2010)
By John D. DeLamater & Daniel J. Myers

Psychology and Social Practice (2012)
By John Dewey

The Psychology of Action: Linking Cognition and Motivation to Behavior (1996)
By Peter M. Gollwitzer & John A. Bargh (Editor)

Social Psychology /9e (2013)
By Saul Kassin, Steven Fein & Hazel Rose Markus

The Evolving Self: Problem and Process in Human Development (1982)
By Robert Kegan

Handbook for Living Psychology: An Introduction /2e (1996)
By James Lugo & Lugenia Dixon

Making Their Own Way: Narratives for Transforming Higher Education to Promote Self-Development (2001)
By Marcia B. Baxter Magolda

Cognative Processes (1997)
By Tony Malim

Social Psychology /11e (2012)
By David G. Myers

Emotions in Social Psychology: Key Readings (2000)
By W. Gerrod Parrott (Editor)

Social Psychology /12e (2005)
By Shelley E. Taylor, Letitia Anne Peplau & David O. Sears

Psychology of Life /19e (2009)
By Richard J. Gerrig & Philip G. Zimbardo

Notes

Notes

Notes

Notes

Notes

國家圖書館出版品預行編目（CIP）資料

社會心理學：掌握現代生活的必修課程/ 林仁和著.
-- 初版. -- 臺北市：心理, 2013.07
面； 公分. --（心理學系列；11045）

ISBN 978-986-191-551-7（平裝）

1. 社會心理學

541.7   102011453

心理學系列 11045

社會心理學：掌握現代生活的必修課程

作　　者：林仁和
責任編輯：郭佳玲
總 編 輯：林敬堯
發 行 人：洪有義
出 版 者：心理出版社股份有限公司
地　　址：台北市大安區和平東路一段 180 號 7 樓
電　　話：(02) 23671490
傳　　真：(02) 23671457
郵撥帳號：19293172　心理出版社股份有限公司
網　　址：http://www.psy.com.tw
電子信箱：psychoco@ms15.hinet.net
駐美代表：Lisa Wu（Tel: 973 546-5845）
排 版 者：辰皓國際出版製作有限公司
印 刷 者：辰皓國際出版製作有限公司
初版一刷：2013 年 7 月
I S B N：978-986-191-551-7
定　　價：新台幣 300 元